Glück
Die Chancen des Zufalls

Nicholas Rescher
Glück

Die Chancen des Zufalls

Aus dem Amerikanischen
von Jens Hagestedt

Berlin Verlag

Die Originalausgabe erschien 1995 unter dem Titel
Luck: The brilliant randomness of everyday life
bei Farrar, Straus & Giroux, New York
© 1995 Nicholas Rescher
Für die deutsche Ausgabe
© 1996 Berlin Verlag
Verlagsbeteiligungsgesellschaft mbH & Co KG
Berlin
Alle Rechte vorbehalten
Umschlaggestaltung: Nina Rothfos & Patrick Gabler, Hamburg
Gesetzt aus der Bembo und der Frutiger
Druck & Bindung: Freiburger Graphische Betriebe
Printed in Germany 1996
ISBN 3-8270-0202-8

Gedruckt auf chlor- und säurefreiem Papier

Für Dorothy,
mein eigenes Glück

Inhalt

Danksagung

Dieses Buch geht zurück auf meine Antrittsrede als Präsident der American Philosophical Association, die ich 1989 zum Thema Glück gehalten habe. Mein Interesse an der philosophischen Anthropologie hat seit den sechziger Jahren in einer Reihe von Publikationen Ausdruck gefunden, das vorliegende Buch kann daher als Teil einer noch fortdauernden Anstrengung betrachtet werden, die conditio humana in einer komplexen und ungewissen Welt zu untersuchen.

Ich bin meinem literarischen Agenten, Jim Hornfischer, zu Dank verpflichtet, denn er hat mich davon überzeugt, daß das Thema Glück es verdient, in Buchlänge behandelt zu werden. Richard Gale hat mich von seinen Kommentaren zu einem ersten Entwurf des Manuskripts profitieren lassen; John Glusman hat viele konstruktive Vorschläge für die Herausgabe gemacht; John Williams hat mir mit Gedanken zur Darstellung geholfen; ich danke auch ihnen. Und ich danke meiner Sekretärin Estelle Buris für ihre geduldige Hilfe bei dem Unternehmen, meine Kritzeleien in einen eleganten Computertext zu verwandeln.

Pittsburgh, Pennsylvania
Januar 1995

Einleitung

Glück und die conditio humana

In den frühen Morgenstunden des 9. August 1945 verließ der
B-29-Bomber *Bock's Car* den amerikanischen Flugplatz auf
der Insel Tinian im Pazifik, um die Waffenschmiede Kokura
an der Nordspitze der japanischen Insel Kyushu anzufliegen.
Im Bauch des Flugzeugs befand sich »Fat Man«, die zweite
Atombombe, scharfgemacht zum militärischen Einsatz. Es
handelte sich um eine Implosionswaffe auf Plutoniumbasis
mit der Sprengkraft von mehr als dreizehntausend Tonnen
TNT. Drei Tage zuvor hatte der Bomber *Enola Gay* die erste
derartige Waffe, »Little Boy«, auf Hiroshima fallenlassen, eine
Bombe, die nach anderen, weniger ausgeklügelten Prinzipien
konstruiert worden war; und nun sollte die zweite Phase des
größten physikalischen Experiments der Weltgeschichte beginnen.

Doch verliefen die Dinge nicht ganz nach Plan. Über
Kokura nämlich lag eine beträchtliche Dunst- und Wolken-
decke, so daß der Zielpunkt nicht zu sehen war. Aus diesem
Grund flog Major Charles W. Sweeney weiter nach Süden
zum zweiten, für den Fall außergewöhnlicher Vorkommnisse
vorgesehenen Ziel, der alten Hafenstadt von Nagasaki. Dort
detonierte Fat Man und brachte einen Feuerball hervor, der
Augenzeugen zufolge zwanzigmal so hell wie das Sonnenlicht
gewesen sein soll. Der Rest ist Geschichte. Kokura war
buchstäblich durch die Wolken gerettet worden, die über der

Stadt lagen. Und was für deren Bewohner ein unglaublicher
Glücksfall war, wurde für die Bewohner Nagasakis zu einem
ebenso großen Unglück.[1]

Natürlich muß Glück sich nicht auf so dramatische Weise
zur Geltung bringen. In kleinerem Maßstab ist es eine Realität, die in jedem Bereich des täglichen Lebens spürbar wird.
Zugleich aber ist es eine philosophische Herausforderung.
Warum gehört das Glück zu den Grundgegebenheiten des Lebens? Was bedeutet es für die conditio humana? Warum ist das
Leben so ungerecht? Und wie geht der Moralist mit dem Un-
gleichgewicht um, das Glück zwischen Verdienst und Schicksal stiftet? Derartige Fragen sind offenkundig von großem Interesse; um so erstaunlicher, daß Philosophen, zumindest seit
der Antike, Glück nicht so ernst genommen haben, wie der
Gegenstand es verlangt.

Die Bedeutung des Glücks für den Menschen begründet
sich darin, daß es zu den wesentlichen Faktoren unserer
Grundverfassung gehört. Denn obwohl wir intelligent handelnde Wesen sind, die sich denkend ihren Weg durch eine
komplexe Welt bahnen, sind wir doch Handelnde mit *beschränktem* Wissen, die ihre Entscheidungen im Licht un-
vollständiger Informationen treffen müssen und auch treffen.
Aus diesem Grund sind wir dem Glück auf Gedeih und
Verderb ausgeliefert. Unsere Entscheidungen sind gleichsam
Vorschläge, die Verfügungsgewalt aber liegt bei einer Macht,
die jenseits der Grenzen unserer kognitiven und praktischen
Kontrollmöglichkeiten agiert. Wenn die Dinge wirklich so
laufen, wie wir es geplant haben, dann allzuoft eher aufgrund
glücklicher Umstände als aufgrund unseres rational bestimmenden Planens und Handelns. Und wenn sie schiefgehen,
dann allzuoft eher aufgrund von Pech und Unglück als aufgrund von bloßer Inkompetenz.

Gewiß müssen die Geschehnisse in dieser Welt, wenn wir
sie in der Evolution einmal als intelligente Lebewesen be-

treten, im allgemeinen so beschaffen sein, daß der Großteil dessen, was uns geschieht, mit unseren vernünftigen Erwartungen vereinbar ist. Das meiste von dem, was intelligenten Wesen mit einem vernunftgelenkten Lebensstil auf der Bühne der Natur widerfährt, muß den Erwartungen entsprechen, und nur ein Bruchteil dessen, was uns substantiell betrifft, kann wider alle Erwartungen ausfallen. Wäre es anders, hätten Lebewesen *unserer* Art sich nicht entwickeln und nicht überleben können. Doch bedeutet dies natürlich nicht, daß die Dinge immer so laufen, wie wir es erwarten.

Wo es um ihren Vorteil geht, gibt es für intelligente Lebewesen zwei Möglichkeiten zu verlieren: nämlich tatsächlich Verluste erleiden oder Gewinne nicht machen. Demgemäß können unsere Erwartungen in zweierlei Richtung fehlgehen: 1. wir erwarten etwas Schlechtes, es geschieht aber etwas Gutes (positive Überraschungen); und 2. wir erwarten etwas Gutes, es geschieht aber etwas Schlechtes (Enttäuschungen).

Das Glück operiert auf beiden Seiten. Der Prozeß der natürlichen und vernunftgesteuerten Auslese, der darauf hinwirkt, eine lebensfähige Gemeinschaft vernünftiger Geschöpfe hervorzubringen, wird darum vermutlich so aussehen, daß die positiven Überraschungen die Enttäuschungen zahlenmäßig übertreffen. Da nämlich Enttäuschungen für Physis und Psyche gefährlich sind, positive Überraschungen aber unproblematisch, ja erfreulich, werden Prozesse evolutionärer Auslese sich in der Weise vollziehen, daß sie eine Vernünftigkeit unterstützten, die wesentlich mehr günstige Fehleinschätzungen (positive Überraschungen) als ungünstige (Enttäuschungen) hervorbringt. Unter dieser Voraussetzung scheint es gar nicht anders sein zu können, als daß das Glück das Unglück überwiegt.

Doch ist auch Unglück zu etwas nutze. Denn wenn uns eine Sache mißlingt, ist es sehr viel bequemer und schonender für das Ego, dafür Unglück verantwortlich zu machen und so zu vermeiden, einen eigenen Fehler anerkennen zu müssen. Unglück ist ein überaus nützliches Mittel, wenn es darum geht, sich selbst von Schuld freizusprechen. Das Bild, das man selbst von sich hat – oder gar jenes, das die Öffentlichkeit von einem hat –, wird offenkundig geschont, wenn man sich eigener Schuld entledigen kann, indem man die Verantwortung für eigene Fehler einem Geschick anlastet, das nicht mitgespielt hat. (Wobei man mit dieser Haltung wahrscheinlich von den nützlichen Lektionen, die negative Erfahrungen enthalten, nicht profitieren wird.)

Interessanterweise reicht der Einflußbereich des Glücks über das Erdenleben hinaus: kann man doch posthumes Glück in demselben Maße haben wie posthume Interessen. Es scheint völlig plausibel zu sagen, es war Pech für Christoph Kolumbus, daß der Kontinent den Namen Amerika erhielt (nach dem unbedeutenden Kartographen Amerigo Vespucci) statt den Namen Kolumbien (nach dem, der ihn entdeckte). Glück wirkt über das Grab hinaus fort.

Die Sprache des Glücks

Das englische Wort »luck« ist eine Bildung des fünfzehnten Jahrhunderts und leitet sich vom mittelhochdeutschen »gelüke« (neuhochdeutsch »Glück«) her, das – bedauerlicherweise – gleichermaßen das bezeichnet, was im Englischen »happiness«, und das, was »good fortune« bedeutet, Zustände, die keinesfalls notwendig identisch sind. Buchstäblich von Beginn an wurde »luck« vor allem zur Bezeichnung von Glück oder Unglück in Glücks- und Geschicklichkeitsspielen sowie generell in Unternehmungen, deren Ausgang auch vom Glück abhängig ist, verwendet.[2]

Will man über Glück sprechen, so ist es von Vorteil, wenn man das hat, was mehrere europäische Sprachen nicht haben: ein Wort, das allein das zufällige Glück oder Unglück bezeichnet. Im Englischen ist »luck« ein solches Wort; in anderen Sprachen muß man sich behelfen, so gut man kann.[3] Dem, was das Wort »luck« bezeichnet, ergeht es in den europäischen Sprachen ziemlich unterschiedlich. Das griechische »tyche« betont zu sehr das Wahllos-Zufällige. Im Lateinischen kommt »fortuna« der Bedeutung von »luck« nahe, da es die richtige Mischung von Geschick (casus) und Vor- oder Nachteil umfaßt. Das Deutsche aber leidet, wie schon gesagt, unter der unseligen Doppeldeutigkeit von »Glück«, das nicht nur »luck« (fortuna), sondern auch »happiness« (felicitas) bezeichnet. Immerhin ist das französische »chance« (vom lateinischen »cadere«, mit der Bedeutung: wie die Dinge ausfallen, »wie die Würfel fallen«) ein ziemlich genaues Äquivalent von »luck«, und das spanische »suerte« trifft es ebenfalls.

Auf der anderen Seite haben mehrere Sprachen die bequeme Möglichkeit, das, was die englische Sprache als »a piece of bad luck« bezeichnet, mit einem einzigen Wort zum Ausdruck zu bringen (so das Französische mit »malchance« und das Deutsche mit »Pech«) – in Anbetracht der Dinge ein höchst nützliches Ausdrucksmittel, das dem Englischen unerklärlicherweise fehlt. (Trotz seiner vielversprechenden Etymologie bringt »misfortune« nicht ganz dasselbe zum Ausdruck, da es alle Arten von Fehlschlägen umfaßt, nicht nur die, für die ein unvorhersagbarer Zufall verantwortlich ist, sondern auch solche, die auf die eigene Dummheit oder die Bosheit anderer zurückgehen.) Noch bezeichnender mag es sein, daß keine europäische Sprache das, was wir als »a piece of good luck« bezeichnen, mit einem einzigen Wort auszudrücken vermag.

Den meisten von uns wird von Zeit zu Zeit ein völlig unverhoffter Vorteil zuteil. In diesen Fällen haben wir wirklich

Glück gehabt. Doch einigen geschieht dies öfter als anderen.
In mehr oder weniger systematischer Weise scheinen einige
Leute ständig vom Glück begleitet, andere vom Pech verfolgt.
Im Englischen gibt es keine speziellen Ausdrücke für solche
Leute. Anders im Deutschen, wo jemand, der in dieser Art
begünstigt wird, als »Glückspilz« oder »Glückskind«[4], und jemand, der alles andere als begünstigt ist, als »Unglücksrabe«
bezeichnet werden kann. Während dem Englischen aber eine
geläufige Terminologie für die Unterscheidung solcher Menschen fehlt, die mehr oder weniger systematisch von Glück
oder Pech getroffen werden, haben wir das Wort »jinx« für jemanden, der Unglück *bringt* – seltsamerweise aber wiederum
kein entsprechendes Wort für jemanden, der Glück bringt.

Ist das Wort Glück im strengen und buchstäblichen Sinn
außerhalb des menschlichen Erfahrungsbereichs verwendbar?
Natürlich sprechen wir metaphorisch, wenn wir sagen, daß
der Baum Glück gehabt habe, vom Hurrikan nicht entwur-
zelt worden zu sein. Aber heißt das, daß Hunde und Katzen
kein Glück haben können? In keiner Weise. Es mag sein, daß
Hunde und Katzen ihr Glück nicht zu *würdigen* imstande sind
– daß sie nicht erkennen können, daß sie Glück (gehabt) haben. Aber das heißt natürlich nicht, daß sie kein Glück haben
können (ebenso wie die Tatsache, daß Hunde und Katzen
vermutlich nicht erkennen können, daß sie Übergewicht haben, nicht ausschließt, daß sie es haben). Es ist fraglos so, daß
Tiere Interessen und Wünsche haben, die von Entwicklungen affiziert werden können, die sich wider jede vernünftige
Erwartung ergeben – natürlich nicht Erwartungen der Tiere
selbst, wir denken an einen intelligenten Betrachter. Die
Crux ist, daß wir Erwartungen in ihrem Namen hegen können, so daß letztlich *wir* es sind, die von ihnen sagen, sie hätten Glück. (Man kann ebenso Glück haben, ohne es zu erkennen, wie man töricht sein kann, ohne es zu merken.)
Glück hängt davon ab, daß etwas aus dem zufälligen Blick-

winkel des Betroffenen ge- oder mißlingt. Und was das Wesen des Rezipienten angeht, bleibt die entscheidende Frage
nicht »Können sie denken?«, sondern »Können sie leiden?«
Und die Tatsache, daß wir im Namen des Betroffenen urteilen können, legitimiert uns, über das Glück auch am Beispiel
von Hunden und Katzen nachzudenken.

Die Ikonographie des Glücks • Fortunas Domäne

Viele kulturelle Phänomene zeugen von der hervorra-
genden Rolle, die das Glück auf der Bühne des menschlichen Daseins spielt; etwa die Folklore oder der Mythos. Das
Schicksal und das Los – die unerbittliche Vorsehung und der
bloße Zufall – sind immer enge Verbündete gewesen. Die Alten brachten die griechische Göttin Notwendigkeit (Anagke,
Necessitas) mit Fortuna, einer römischen Göttin (etruskischen
oder noch früheren Ursprungs), in Verbindung. So hat Horaz
(*Oden* I 35) die Notwendigkeit als Vorläuferin und Gefährtin
der Fortuna dargestellt, die in ihren bronzenen Händen große
Nägel, eine Klammer und geschmolzenes Blei als Symbole
für Hartnäckigkeit und Unbeugsamkeit hält. Doch im allgemeinen wurde die Notwendigkeit mit einer Spindel im
Schoß dargestellt, um die sich die Welt dreht; damit sollten
gegenüber der unvollkommenen irdischen Welt, in der, wie
man glaubte, der Zufall größeren Spielraum habe, so daß
Fortuna mehr Gelegenheit für ihre Aktivitäten finde, die vorbestimmten regelmäßigen Umläufe der Fixsterne symbolisiert werden.[5] Fortuna wiederum wurde oft mit der griechischen Göttin Tyche in Verbindung gebracht, die enger mit
dem Zufall als mit der Vorsehung assoziiert war. Und so iden-
tifizierten die Römer, die bei dem Wort »fortuna« zunächst an

das (mit der Notwendigkeit verbundene) persönliche Schicksal und Wohlergehen dachten, es auch mit dem Wort »fors« –
mit Zufall und Glück.

In dieser amalgamierten griechisch-römischen Version wurde Fortuna im ganzen Römischen Reich verehrt, wurde zur
Göttin mit eigenem Kultus und zahllosen Tempeln (einem davon am Ufer des Tibers unmittelbar vor Rom), so daß Plinius
konstatieren konnte, daß sie zu seinen Lebzeiten überall zu
jeder Stunde angerufen wurde.[6] Zu Beginn des dritten Jahrhunderts v. Chr. wurde von Eutychides, einem Schüler
Lysipps, in Antiochia eine kolossale Bronzestatue der Göttin
Tyche (Fortuna) als städtischer Gottheit errichtet: eine maje-
stätische Figur, die auf einem Felsen saß und in der rechten
Hand Getreideähren hielt, was grenzenlose Freigebigkeit
symbolisierte; und ein göttlicher Jüngling, der den Fluß
Orontes (an dem Antiochia liegt) darstellte, schwamm zwischen ihren Füßen hervor. (Eine kleine Marmorstatue im
Vatikan und eine Silberstatuette im British Museum sollen
nach diesem Original modelliert worden sein.)[7]

Fortuna wurde als erstgeborene Tochter Jupiters und als
Gestalt ersten Ranges unter den Göttern betrachtet. Sie wurde oft auf römischen Münzen und Schnitzereien dargestellt,
mit einem Füllhorn[8], das Wohlstand gewähren, und einem
Ruder, das die Schicksale unter Kontrolle halten sollte. Der
übliche Brauch, der Göttin zu huldigen und zu opfern, ent-
sprang der Vorstellung, sich auf diese Weise ihrer Gunst versichern zu können, die sich in der Abwendung von Unglück
und in der Zuwendung von Wohltaten manifestierte. Oft
wurde sie mit einem Rad oder gar auf einer Kugel stehend
dargestellt, womit die Unbeständigkeit und Ungewißheit des
Lebens mit seinem Auf und Ab bezeichnet werden sollte. In
verschiedenen Fällen befragten die Priesterinnen in den Tempeln der Fortuna ein Orakel, das seine Antworten durch Würfel gab oder durch Lose, die gezogen wurden und auf denen

(wie bei chinesischem Glücksgebäck) Botschaften geschrieben standen. Insofern geht die Assoziation von Fortuna mit dem Glücksspiel letztlich auf das alte Hellas zurück.

Es gibt eine Münze aus der Regierungszeit Kaiser Vespasians, die die Fortuna des Hauses von Augustus darstellt, ihre rechte Hand liegt auf einem Ruder, die linke hält ein Füllhorn. Sie steht auf einem Rad, das seinerseits auf einer kleinen Kugel balanciert.[9] Diese Münze und andere ihrer Art präsentieren in einem kompakten Bild die gesamte Ikonographie, die mit der Göttin Fortuna verbunden ist.[10] Viele Römer hatten eine Statue der Göttin in ihrem Haus, um eine eigene Fortuna unter ihre Penaten (Hausgötter) zählen zu können; manchmal wurde die Göttin auch an die Haustür gemalt. Daß Fortuna in der Antike als Gottheit betrachtet wurde, ist verständlich, bedenkt man, wie bedeutsam die Rolle ist, die Glück im menschlichen Leben spielt. Aber warum eine *weibliche* Gottheit? Im wesentlichen zweifellos wegen ihrer Rolle als Ernährerin und Erhalterin, die in den Gaben symbolisiert ist, die uns aus dem besagten Füllhorn zukommen. Zum Teil aber offenkundig auch, weil dies der irgendwie unbeständigen, launischen und unvorhersagbaren Art und Weise zu entsprechen scheint, in der das Schicksal seine Gaben den Sterblichen gewährt. Es gibt aber noch andere Zusammenhänge. So huldigten in der Antike vor allem jene Frauen Fortuna, die für ihren Wunsch, ein Kind zu bekommen, Unterstützung suchten oder etwas über das Schicksal ihrer Kinder erfahren wollten. Viele Tempel wurden der Fortuna mulieris, der Fortuna der Frauen, geweiht,[11] bei der Mädchen um zukünftiger Kinder und Mütter um der schon vorhandenen willen vorsprechen konnten. Und so stellen sich die Menschen die »Frau Fortuna« bis auf den heutigen Tag als Helferin vor.

Eine andere bedeutsame Art, das Glück darzustellen, ergibt sich im Zusammenhang mit dem Glücksspiel. Auch die Analogie zwischen menschlichem Leben und Glücksspiel

geht auf das klassische Altertum zurück, das Fortuna als die
Macht betrachtete, die sowohl die Entfaltung der menschlichen Schicksale als auch den Ausgang von Spiel und Glücksspiel beherrschte. Im Mittelalter gab es bestimmte Spiele, die
diese Analogie ausschlachteten: vor allem das Game of Life,
aber auch Chutes (oder Snakes) and Ladders.[12] In diesen beiden Spielen, die heute noch gespielt werden, bestimmt der
Zufall darüber, ob der einzelne schrittweise dem Erfolg
näherkommt oder ob er sich von ihm entfernt. Bei diesen
Spielen ist die charakteristische Verbindung von Zufall und
Gewinn beziehungsweise Glück in der Gestaltung des Spiel-
bretts repräsentiert; der Einfluß des Glücks auf die Dinge des
menschlichen Lebens wird graphisch dargestellt.

Ein weiterer Bereich der römischen Ikonographie des
Glücks hängt mit dem Glücksrad (rota fortunae) zusammen,
das im Mittelalter zu einem der populärsten und verbreitetsten
weltlichen Bilder wurde.[13] Es wurde gemeinhin als großes
Rad in der Art eines Mühlrads dargestellt, auf welchem Menschen saßen, von denen jeweils die einen aufwärts, die anderen
abwärts getragen wurden, die einen befanden sich »ganz oben-
auf«, die anderen »ganz unten«.[14] Um das Jahr 1100 besuchte
Bischof Balderic aus Dol in der Bretagne die Benediktiner-
abtei in Fécamp (Normandie), wo er ein großes hölzernes
Rad zu sehen bekam, dessen Sinn er nicht sofort begriff:

Dann, in derselben Kirche, sah ich ein Rad, das aufgrund eines mir unbekannten Mechanismus auf- und
abstieg und sich beständig drehte. Zunächst hielt ich das
Rad für ein nutzloses Ding, bis die Vernunft mich von
dieser Interpretation abbrachte. Ich wußte aus dem
Zeugnis der Kirchenväter, daß das Rad der Fortuna – die
stets eine Feindin der Menschheit gewesen ist – uns
immer wieder in die Tiefe schleudert, um uns dann, als
die verlogene Betrügerin, die sie ist, zu versprechen, uns

in die höchsten Höhen zu tragen, tatsächlich aber uns im Kreise führt, so daß wir uns hüten sollten vor den wilden Umdrehungen des Glücks und nicht trauen der Unbeständigkeit des so heiter erscheinenden und doch so böse verführerischen Rades: Was diese Dinge betrifft, haben uns die weisen Kirchenväter nicht ohne Instruktionen gelassen – haben uns vielmehr, indem sie diese Dinge offenbaren, Wesentliches begreifen lassen.[15]

Später wurde das Glück als eine Kontrollinstanz dargestellt, die den Menschen ihren Platz im System der Dinge anwies und die Macht über die persönlichen Schicksale hatte.

In gewisser Weise ist es eine Ironie, daß Glück (Fortuna) und Notwendigkeit (Anagke) seit der Antike als Gefährten und Verbündete betrachtet wurden. Tatsächlich sind sie nämlich Gegensätze: jenes auf den blinden, unvorhersagbaren Zufall gerichtet, diese auf das vorbestimmte, unerbittliche Schicksal. Die Verbindung wurzelt zweifellos in der menschlichen Neigung, überall Vernunft am Werk zu sehen und nicht bereit zu sein, die Dinge, die für uns von schicksalhafter Bedeutung sind, als bloßes Zufallsgeschehen hinzunehmen. (Diese Tendenz, in den Manifestationen offenkundigen Zufalls göttliche Planung am Werk zu sehen, wird in dem seit der klassischen Antike zu beobachtenden Usus deutlich, vor wichtigen Entscheidungen Wahrsager zu konsultieren.)

Das Fortwirken des Glücks

Es besteht in diesem Leben immer die Möglichkeit unvorhersehbarer Entwicklungen, durch die wir zu Gewinnern oder Verlierern werden. Und der Zufall spielt im mensch-

lichen Leben die Rolle, daß wir, ganz gleich, nach welchen
vermeintlichen Gütern der Welt wir streben – sei es Geld,
Macht, Prestige oder was auch immer –, auf die Gunst des
Glücks angewiesen sind.

Das Glück ist ein Schelm, der verhindert, daß das menschliche Leben auf eine rationale Verwaltungsstätigkeit reduziert
ist. Durch die Macht von Zufall, Chaos und Entscheidung hat
es auf der Bühne der Welt sicher Fuß gefaßt. Das Glück und
das Schicksal machen es schwer, wenn nicht gar unmöglich,
das Leben mittels Planung und Entwurf erfolgreich zu meistern. Stets können die Dinge eine unerwartete Wendung
nehmen, und man kann sagen, das Leben ist das, was geschieht, wenn man keine Pläne macht. Bei den alten Griechen
war es ein Gemeinplatz, daß vor seinem Tod niemand glücklich zu preisen sei. Auf jeder Stufe kann das Unheil herein-
brechen, um all unsere Anstrengungen und umsichtigsten Vorkehrungen zunichte zu machen. Wie John Dewey bemerkt
hat, sind wir in der Abfolge der Zufälle immer gefährdet:

> Niemand weiß, was ein Jahr oder auch nur ein Tag
> bringen wird. Wer gesund ist, kann krank werden, wer
> reich ist, arm; die Mächtigen können gestürzt, Ruhm
> kann zu Schmach werden. Die Menschen sind in ihrem
> Leben der Gnade von Mächten anheimgegeben, über
> die sie keine Kontrolle haben. Der Glaube an Glück
> und Schicksal, an Gutes und Böses gehört zu den weit-
> verbreitetsten und beständigsten menschlichen Über-
> zeugungen. Dem Zufall hatten viele Völker zu trotzen,
> so daß sie das Schicksal als Oberherrn einsetzten, dem
> selbst die Götter sich beugen mußten. Der Glaube an
> Glücksgöttinnen steht bei frommen Leuten in schlech-
> tem Ruf – ihr Glaube an die Vorsehung aber zollt der
> Tatsache Tribut, daß kein Mensch die Kontrolle über
> sein Schicksal hat.[16]

Angesichts der zahllosen Formen, in denen Glück auf jedes menschliche Leben Einfluß nimmt, ist es der Mühe wert, sich genauer anzusehen, was Glück ist und wie es funktioniert. Wie ein Moralist des neunzehnten Jahrhunderts uns in Erinnerung ruft, zeitigt das Glück unerwartete Ergebnisse: »Der Maler, der in einem Anfall von Wut und Verzweiflung seinen Pinsel gegen das Bild wirft und dadurch einen Effekt erzielt, um den er sich lange vergeblich bemüht hatte, der Komponist, der seine Geduld in Versuchen, auf dem Klavier einen Meeressturm nachzuahmen, erschöpft hat, dies aber dadurch erreicht, daß er ärgerlich mit seinen Händen in die beiden Extremlagen der Tastatur greift, um sie dann glissandierend rasch aufeinander zuzubewegen – in beiden scheinen sich Launen der Fortuna zu manifestieren, durch die zwei einen Moment lang unbesonnene Menschen bereichert und berühmt werden, während andere, die über zehnmal soviel Können und Wissen verfügen, ganz unten auf dem Rad gehalten werden.«[17]

Die Tatsache, daß es ein breites Spektrum menschlicher Güter gibt und darunter viele, die wichtiger sind als Reichtum – Gesundheit und das Schicksal geliebter Menschen zum Beispiel –, bedeutet, daß die Armen dem Unglück genauso ausgesetzt sind wie die Reichen. Und eben weil das Glück seine Gunst allen Menschen gewährt, hat das Glück etwas Demokratisches. Während Fortuna zweifellos die Kapitalisten gegenüber den Proletariern begünstigt, tut das Glück dies nicht: Es trifft die großen wie die kleinen Leute dieser Welt in gleichem Maße. Jede Lebensform läßt positive und negative Entwicklungen zu, und das Zufällige der Welt schafft Raum für den Einfluß, den sie auf uns alle haben.

Nur selten manifestieren sich Glück und Unglück in so schlagender Weise wie bei der Epidemie einer tödlichen Krankheit. In seiner Eintragung vom 25. Juli 1832 notierte der englische Chronist Charles Greville:

Der Schrecken der Cholera erfaßt nun jeden [in London]. Mrs. Smith, eine schöne junge Frau, hatte sich am Sonntagmorgen herausgeputzt, um zur Kirche zu gehen, als sie von der Krankheit erfaßt wurde; ohne jede Chance, sich zu erholen, starb sie nachts gegen elf. Dieses Ereignis, das aufgrund seiner Plötzlichkeit und der Jugend und Schönheit der Betroffenen schon schockierend genug war, hat die Leute furchtbar alarmiert; viele sind geflohen, andere schwanken zwischen der Hoffnung auf Sicherheit in der Landluft und der Furcht, von der Hilfe der Großstadt abgeschnitten zu werden.«[18]

Die Unberechenbarkeit ist einer der beängstigendsten Aspekte jeder derartigen Epidemie, die sich ihre Opfer in völlig willkürlicher Weise auszusuchen scheint.

Das Zufällige macht sich eindrucksvoll durch ein häufiges gemeinsames Merkmal in den Biographien »erfolgreicher« Menschen bemerkbar. Nur sehr wenige von ihnen machen geradewegs Karriere. Im allgemeinen gibt es vielmehr eine Zeit, in der sie hin und her schwanken, ein ruheloses Wandern von einer ungewissen Möglichkeit zur nächsten. Schließlich aber läßt eine anscheinend zufällige Entwicklung sie eine Richtung einschlagen, aus der es kein Zurück mehr gibt. Ein zufälliges Geschehen – eine Begegnung oder eine unerwartete Gelegenheit – treibt sie in eine Richtung, die später als vorbestimmt erscheint, aber zu ihrer Zeit für alle Beteiligten nichts als ein reiner Glücksfall war.

Wir sind mit unseren angeborenen Begabungen und den besonderen Umständen unserer Geburt in der Tat »vom Schicksal begünstigt«; aber wir haben mit ihnen nicht »Glück gehabt«. Denn es verhält sich nicht so, daß ein noch unbestimmtes Protoselbst in einer Lotterie eine bestimmte Ausstattung gewonnen hätte. In welches Leben wir treten, ist eine Sache des Geschicks, kein Fall von Glück oder Unglück.

Andererseits haben wir, wenn man an all die Gefahren denkt, die unser Leben bedrohen, sehr wahrscheinlich Glück, daß wir noch am Leben sind – zumindest so lange, wie wir uns einer akzeptablen Lebensqualität erfreuen. Dann ist es vollkommen angemessen zu sagen, daß »unser Glück ein Ende hat«, wenn unser Leben zu Ende geht. Tatsächlich ist es Teil der conditio humana, daß unser Glück in dieser Hinsicht früher oder später ein Ende hat.

Es kommt zuweilen vor, daß unsere Entscheidungen beliebig sind. Es ist gleich, welche Richtung wir einschlagen, wenn alle Wege nach Rom führen, so daß das Resultat vorbestimmt und unvermeidlich ist. Das Ergebnis, das wir erzielen, steht fest, unabhängig davon, was wir unternehmen. Wir haben uns eingeschifft, und was wir auch tun – oder nicht tun –, das Fahrtziel ist vorbestimmt. Doch sind solche Situationen eher ungewöhnlich. Im allgemeinen hängt das, was geschieht, davon ab, was wir tun und was andere (darunter Mutter Natur) zum Verlauf der Ereignisse beitragen. Und soweit die schicksalhaften Folgen von Umständen abhängen, die unser Erkenntnis- und Kontrollvermögen übersteigen, wird der Erfolg unserer Unternehmungen Glückssache sein.

Keine Frage, das Glück behandelt die Menschen sehr verschieden. Es gibt aber gottlob auch sehr verschiedene menschliche Güter: Reichtum, Intelligenz, gutes Aussehen, liebenswerte Veranlagung, künstlerische Begabung und so weiter. Glücklicherweise ist es möglich, daß jemand, den die Umstände auf der einen Seite kurzhalten, auf der anderen verschwenderisch beschenkt wird: Wer kein Glück im Spiel um weltlichen Ruhm hat, kann Glück in der Liebe haben. In gewisser Weise ist Geld das demokratischste aller Güter. Anders als bei gutem Aussehen, musikalischer Begabung oder Gesundheit muß man mit Geld nicht geboren sein, um es zu haben; es läßt sich auch, mit Fortunas Hilfe, erwerben.

Ein sorgloser Mensch läßt alle Vorsicht außer acht und

denkt nicht einmal daran zu versuchen, sich zu vergewissern, daß alles seinen guten Gang geht. Ein solcher Mensch kümmert sich nicht um die Zukunft und verläßt sich auf das Glück – jedenfalls mehr als auf umsichtige Bemühungen. »Von Rechts wegen« – zieht man die Regeln in Betracht, die im allgemeinen den Verlauf des Geschehens in der Welt bestimmen – dürfte einem solchen Menschen nicht gar so viel gelingen. Wenn es dennoch so ist – wie es tatsächlich vorkommt –, kann man den Sorglosen glücklich preisen. Tatsache ist aber, daß der Mensch, für den sich die Unbekümmertheit auszahlt, eine glückliche Ausnahme ist. Normalerweise verbessert es die eigenen Chancen nicht, die Dinge dem Zufall zu überlassen.

Nicht nur durch unsere Kinder werden wir zu Geiseln des Glücks, sondern durch jede Form der Teilhabe. Ganz gleich, worein wir unsere Hoffnungen setzen, welches unsere Erwartungen, Ziele und Pläne sein mögen, Glück und Unglück können auftreten, um unsere Wünsche und Bedürfnisse zu befriedigen oder auch nicht. Auch was wir noch so sorgfältig geplant haben, kann fehlgehen – aus Gründen, die gänzlich jenseits unseres Erkenntnisvermögens und unserer Kontrolle liegen. Systeme, die man erdacht hat, um den Spielraum des Glücks im Leben einzuengen, erweitern ihn statt dessen oftmals. Opfer eines Verbrechens zu werden ist natürlich sehr schweres Unglück, mit der Strafe aber ist es ebenso. Die Crux eines rationalen Strafrechtssystems ist es, einen gerechten und sicheren Zusammenhang zwischen den Straftaten, die von Übeltätern begangen worden sind, und den Strafen, die ihnen aufgrund ihrer Taten auferlegt werden, herzustellen. Wenn diese Beziehung zusammenbricht, wenn Verbrechen tatsächlich so selten bestraft werden, daß Bestrafung in die Kategorie Pech fällt – wie es im heutigen Amerika der Fall zu sein scheint –, wird das System unglaubwürdig. Es ist eine Ironie, daß ein System, das dazu geschaffen wurde, ein angemessenes Verhältnis zwischen Verbrechen und Strafe zu garantieren, die

hier thematisierte Verbindung zu einer Frage des unwahr-
scheinlichen Zufalls und bloßen Pechs werden läßt.

Glück bestimmt vieles, was uns in dieser Welt widerfährt.
Ganz gleich, ob wir Kriminelle oder gesetzestreue Bürger
sind, wir alle sind der Gnade oder Ungnade unvorhersagbarer
Entwicklungen ausgeliefert, die es zur bloßen Glückssache
machen, wie viele der entscheidenden Probleme unseres Lebens gelöst werden. Tatsächlich sind die meisten Unternehmungen des Menschen zu gewissen Graden dem Zufall überlassen. Das Bemühen allein ist selten genug. Um Erfolg zu
haben, bedarf es oft einer Mischung aus Bemühen und Glück.
Wenn wir in diesem ungewissen Unternehmen den richtigen
Zeitpunkt verpassen, kann etwas fehlschlagen, obwohl wir
nichts falsch gemacht haben. Der Brauch, jemandem Glück
zu wünschen, ist keine Form, ihm insgeheim Inkompetenz zu
attestieren, sondern spiegelt unsere Einsicht wider, daß Kom-
petenz allein nicht genug ist, um sich in einer vom Zufall regierten Welt Erfolg zu sichern – daß selbst die größtmögliche
Anstrengung nicht notwendig mit dem Erfolg belohnt wird,
den sie verdient.

Auf dem Hintergrund der herausragenden Rolle, die das
pure Glück auf dem gesamten Gebiet des menschlichen Lebens spielt, wird sich das vorliegende Buch Fragen wie den
folgenden zuwenden: Was ist das Glück? Worin unterscheidet
es sich vom Schicksal und seiner Gunst? Wie sollte unsere
Einstellung Menschen gegenüber sein, die Glück oder kein
Glück haben? Können wir erwarten, unser Glück zu beherrschen und die Kontrolle darüber zu erlangen? Sind die Menschen für ihr Glück oder Unglück verantwortlich zu machen?
Kann es einen Ausgleich für das Unglück geben? Kann das
Glück aus unserem Leben verbannt werden? Um diese und
andere Fragen kreisen die vorliegenden Überlegungen. Viele
zentrale philosophische Fragen sind an das Thema Glück
geknüpft: Zufall und Notwendigkeit, Freiheit und Determi-

nation, moralische Verantwortung, historische Unausweichlichkeit, die Endlichkeit des Menschen – die Liste ist noch
lang.

Die Grundthese dieses Buches lautet, daß Glück, ob uns
dies nun gefällt oder nicht, ein nicht zu eliminierender Be-
standteil der conditio humana ist. Wir könnten nicht existieren als die Wesen, die wir sind – und die wir in beschwingten
Augenblicken auch gerne und voller Stolz sind –, wenn das
bloße, blinde Glück nicht ein bedeutsamer Faktor zu unserem
Vor- und Nachteil in unserem Leben wäre.

1. Das Rätsel des Zufalls

Das Glück und das Unerwartete

Wir leben in einer Welt, in der unsere Ziele, unsere sorgfältigsten Planungen, ja unser Leben dem Zufall und der unerforschlichen Kontingenz ausgeliefert sind. In dieser Welt, in der wir nur Vorschläge machen, das Schicksal aber entscheidet, und in der das Ergebnis allzu vieler Handlungen von Umständen abhängt, die sich unserer Kontrolle entziehen, ist das Glück dazu bestimmt, eine Hauptrolle im Drama des menschlichen Lebens zu spielen.

Als Individuen wissen wir wohl nie, wieviel Glück oder Pech wir tatsächlich haben. Bei jedem Schritt, den wir gehen, kann der Zufall zu unseren Gunsten oder Ungunsten eingreifen. Nach allem, was wir wissen, entgehen wir jeden Tag ein Dutzend Mal nur knapp dem Tod – indem wir es hier unterlassen, eine todbringende Mikrobe einzuatmen, und dort um Haaresbreite neben jenen Kiesel treten, auf dem wir ausrutschen und vor einen heranrasenden Bus stürzen würden. Somit ist das Glück ein ungeheurer und allgegenwärtiger Faktor im menschlichen Dasein, wie wir es kennen, ein Gefährte, der uns – ob uns das gefällt oder nicht – von der Wiege bis zum Grab begleitet.

Das Glück ist am Werk, wenn Dinge, die uns etwas bedeuten, gleichsam durch reinen Zufall geschehen.[1] Wobei »etwas bedeuten« hier heißt, daß Gewinn oder Verlust im Spiel sein müssen. Gewiß kann ein Gewinn manchmal nur im Rück-

blick als solcher erkannt werden. Ob eine Ehe gut wird oder
nicht, wird nicht schon am Hochzeitstag offenkundig sein. Ob
es für beide ein Glück war, daß ein Mann und eine Frau sich
kennengelernt haben, wird sich dementsprechend erst im
nachhinein entscheiden lassen. Dennoch, im allgemeinen urteilen wir sehr kurzfristig über gut und schlecht, ohne uns Gedanken darüber zu machen, »als was die Dinge sich auf lange
Sicht erweisen werden«. (Sind wir doch »auf lange Sicht«, wie
John Maynard Keynes bemerkt hat, »alle tot«.)

Der Angelpunkt des Glücks ist die Unvorhersagbarkeit.
Eine Welt, in der die Handelnden einem überall einsichtigen
Plan entsprechend alles vorhersehen könnten, ließe dem
Glück keinen Spielraum. Wir leben in einer ganz anderen
Welt. Oft entwickeln sich die Dinge für uns gut oder nicht
gut, weil Umstände es so wollen, die unserer kognitiven und
manipulativen Kontrolle völlig entzogen sind. Für das Spanien König Philipps II. war es ein Unglück, daß ein Sturm die
unbesiegbare Armada im Kanal zerschmetterte; für die Unter-
tanen von Königin Elizabeth war es ein Glück. Glück und
Unglück wirken sich gleichermaßen auf Individuen wie auf
Gruppen aus (man denke an die Passagiere) der Titanic ohne
daß man dem entkommen könnte. Wir spielen unsere Karten
so gut aus, wie wir können, doch was sich daraus ergibt, hängt
davon ab, was die anderen Spieler tun – ganz gleich, ob es sich
um Menschen oder um die Kräfte der Natur handelt. Wir
leben unser Leben zwischen Hoffnung und Sorge. Den
günstigen oder ungünstigen Ausgang der Dinge können wir
weder vorhersehen noch unter Kontrolle halten. Gerade dies
aber ist der Punkt, an dem der Faktor Glück unerbittlich in das
menschliche Leben eingreift. Oft ist das Leben eines Menschen eine Kette, die sich aus Gliedern von Glück und
Unglück zusammensetzt. Die persönlichen Einflüsse in der
Jugend, die die Berufswahl bestimmen, die Kontingenzen, die
für die Arbeitsverhältnisse verantwortlich sind, die man ein-

geht, die zufälligen Begegnungen, die zur Ehe führen, sind alles Glücks- oder Unglücksfälle.

Die Rolle des Zufalls im menschlichen Leben ist unter den Philosophen einst Gegenstand ausführlicher Auseinandersetzungen gewesen. Im hellenistischen Griechenland debattierten die Theoretiker unermüdlich über die Rolle der »heimarmene«, des unergründlichen Schicksals, das unbarmherzig über das Leben von Menschen und Göttern gleichermaßen herrschte, ohne auf ihr Wünschen und Tun Rücksicht zu nehmen. Die Kirchenväter bekämpften mit der ganzen ihnen zur Verfügung stehenden Kraft den Sirenenruf von Zufall und Schicksal – Mächten, die zum Aberglauben einluden. (Schon Augustinus verachtete das bloße Wort Schicksal.) Das Thema der Gunst oder Ungunst des Glücks sowie die damit zusammenhängende Frage, in welchem Maß wir die Kontrolle über unser Schicksal haben, erlangte in der Renaissance wieder große Bedeutung, als die Gelehrten sich von neuem mit dem Thema des menschlichen Schicksals beschäftigten, das Cicero und Augustinus in Angriff genommen hatten. Und zweifellos hat der Gegenstand noch eine lange und lebendige Zukunft vor sich, da das Glück, solange es Menschenleben geben wird, mit Sicherheit eine entscheidende Rolle darin spielen wird.

Bei Katastrophen gabelt sich die Straße des Glücks auf besonders bemerkenswerte Weise, denn sie spalten die Betroffenen in zwei Gruppen: in die einen, die Glück, und die anderen, die keines haben, in die Überlebenden und die Opfer. (Man denke hier an die Aristokraten der Französischen Revolution, an die Kulaken in Stalins Sowjetunion und an die Passagiere eines Flugzeugs, das abstürzt, oder eines Schiffs in Seenot.) Wenn eine Katastrophe sich ereignet, haben wir es gleichsam mit einer Flutwelle der Geschichte zu tun, die uns nolens volens in diese oder jene Richtung trägt – in die Richtung derer, die Glück, oder die der anderen, die kein Glück haben. Mehr als alles andere ist es die Anerkennung der Rolle des Glücks, die uns die Kontingenz der menschlichen Triumphe und Katastrophen würdigen läßt. »Ich gehe dorthin – es sei denn, das Glück oder das Unglück machen mir einen Strich durch die Rechnung« ist ein Gedanke, der uns demütig macht. Die ewig offene Frage, die von den Unglücklichen wie von den Glücklichen gestellt wird, lautet: Warum gerade ich? Womit habe ich das verdient? Die Ironie liegt darin, daß die angemessene und richtige Antwort lautet: mit nichts. Es ist schlicht und einfach eine Sache des Zufalls, des sich zufällig manifestierenden Glücks oder Unglücks. Sicher sind wir, mit unserer so natürlichen menschlichen Bindung an die Vorstellung, in einer rationalen Welt zu leben, geneigt zu denken, daß es immer einen letzten Grund gibt. Wenn uns etwas fehlschlägt, haben wir ein Gefühl von Schuld: Warum ist die Wahl auf mich gefallen? Und wenn uns die Dinge gelingen, fragen wir: Was muß ich jetzt tun, um mich als würdig zu erweisen? All dies ist natürlich, aber auch völlig nutzlos. Die einzig wirklich rationale Haltung besteht darin, sich mit der Vorstellung des Zufalls abzufinden. Tief im Innern erkennen wir sehr wohl, daß sich das Glück nicht in einer Logik der Kompensation manifestiert. Der Trost »Es ist besser, wenn ich beim nächsten Mal Glück habe« ist oft ironisch gemeint.

In einer Welt, in der wir unser Leben unweigerlich mit einem gewissen Maß an Ungewißheit leben, in der die Konsequenzen dessen, was wir tun und was wir nicht tun, im wesentlichen jenseits der Vorhersagbarkeit liegen, ist es bis zu einem gewissen Grad unvermeidlich, sich auf das Glück zu verlassen. Mit unserem Handeln machen wir Vorschläge; deren Folgen zum Guten und zum Schlechten aber liegen fast gänzlich außerhalb dessen, was wir wissen und unter Kontrolle haben können. Ganz gleich, ob es ihnen nützt oder schadet – was den Menschen widerfährt, ist allzuoft Glückssache.

Wie eine unerwartete Erbschaft kommt auch das Glück im allgemeinen unerwartet, »aus heiterem Himmel«, zu uns. Natürlich gehen wir manchmal ein paar vorbereitende Schritte, um uns schon einmal auf den Weg zu machen, den das Glück nehmen könnte. Man kann nicht im Lotto gewinnen, ohne ein Los zu kaufen, man kann nicht beim Pferderennen gewinnen, ohne zu wetten. Man muß womöglich zur rechten Zeit am rechten Ort sein. Manchmal braucht man auch gar nichts zu tun. Um beispielsweise um ein Haar zu entkommen, braucht man nur um Haaresbreite zur falschen Zeit am falschen Ort zu sein. Umgekehrt läßt sich das natürlich vom Unglück sagen.

Oft ist es allein das Glück, das über den Wert und die Bedeutung unseres Tuns entscheidet. War jener Sprung ins Ungewisse ein Genieblitz oder der Anfang vom Ende? War Johns Bekenntnis eine nutzlose Geste oder ein ernst zu nehmender Akt der Wiedergutmachung? War Henrys Entscheidung, in die Vereinigten Staaten zurückzukehren, um Marys übereilte Hochzeit zu verhindern, eine weise Tat oder ein Schritt in die Katastrophe? Welche Beschreibung einem Tun gerecht wird, hängt vom Ergebnis ab, und dieses Ergebnis hängt davon ab, wie die Dinge sich zufällig ereignen – das heißt vom bloßen Glück.

Es kann reiner Zufall – oder irgendeine triviale Laune – sein, was uns dazu bestimmt, für unsere Rückreise entweder auf dem Love Boat oder aber auf der Titanic zu buchen. Und dennoch kann die konkrete Entscheidung einen »Unterschied ums Ganze« ausmachen. Wir sind nicht die Herren unseres Geschicks, oder sind dies, genauer gesagt, nur in begrenztem Maße. Die unvorhergesehene Kontingenz ist allgegenwärtig. Die klassische Vorstellung, daß der Charakter das Schicksal sei, ist in all ihren Versionen höchst problematisch[2], weil in höherem Maße, als wir das alle gern zugeben, unser Glück mehr als unser Wesen darüber bestimmt, was aus uns in dieser Welt wird. Unter dem Einfluß der stoischen und der epikuräischen Philosophie haben die alten Römer den Menschen als den

Herrn seines Schicksals betrachtet.[3] Aber auch eine andere
Sicht der Dinge war virulent: eine, nach der wir auf Gnade
oder Ungnade Mächten ausgeliefert sind, die jenseits unserer
Kontrolle liegen, und nach der das Schicksal mit uns, wie es
ihm gefällt, sein Spiel treibt.[4] »So spielen Götter, wie mit einem Ball, mit uns«, hat Plautus gesagt.[5] Und bei Shakespeare
ist zu lesen, daß wir nichts sind als Possenreißer im Reiche des
Zufalls, beherrscht von einem despotischen Monarchen, dessen Laune uns Befehl ist.[6] Für einige der Risiken, die wir eingehen, sind wir selbst verantwortlich, die meisten aber sind
mehr als unwillkommen und unerwünscht. Es sind unvermeidliche Aspekte des Lebens in einer ungewissen und oft
unfreundlichen Welt.

Es gibt keinerlei Gleichgewicht des Glücks im natürlichen
Lauf der Dinge. Der Terrorist, dessen Bombe schon im Auto
explodiert, auf dem Weg zu einem Politikertreffen, wo er sie
deponieren wollte, hat Pech gehabt. Aus diesem Pech aber
ziehen andere einen Vorteil: *sie* haben großes Glück gehabt.

Natürlich ist oft – etwa wenn man gegen einen anderen
Bewerber eine reiche Erbin für sich gewinnen kann, oder
wenn man unversehrt aus einer Explosion hervorgeht, weil
ein anderer mit seinem Körper ein unfreiwilliger Schutzschild
war – das Glück des einen an das Unglück eines anderen gebunden.[7] Johannes läßt unachtsamerweise einen 100-Mark-
Schein fallen, Stephan findet ihn: Glück für letzteren, Pech für
ersteren. Aber natürlich muß es nicht so sein; das Glück muß
nicht unbedingt Opfer haben. Wer auf eigenem Grund auf Öl
stößt, hat Glück – und zwar durchaus nicht auf Kosten eines
anderen. Das Leben ist kein Nullsummenspiel, das so einge-
richtet ist, daß das Glück der einen durch Kosten der anderen
gesichert ist. Wenn eine zufällige Entwicklung eine apokalyp-
tische Epidemie – oder einen Atomkrieg – abwendet, ist das
für alle ein Glück, ohne daß einige Unglückliche dafür einen
Preis zu zahlen hätten.

Wie Glück funktioniert

G lück als solches ist der Sachverhalt, daß in einer unerwarteten und unvorhersehbaren Situation eine Sache für eine Person mehr oder weniger gut geht. Das *Oxford English Dictionary* definiert den Begriff als »zufälliges Eintreten eines Ereignisses, das den Interessen einer Person günstig oder ungünstig ist«. Glück liegt immer dann vor, wenn etwas positiv verläuft, wenn unsere Wünsche sich erfüllen oder etwas unseren Interessen entspricht – und zwar durch reinen Zufall, das heißt in Umständen, in denen wir keine hinreichende Basis für eine zuversichtliche Erwartung haben, weil wir den Ausgang nicht mit Sicherheit vorhersehen oder bestimmen können. Die Früchte des Glücks (ob gut oder schlecht) sind ungewiß. Wenn etwas, das wir nicht sicher antizipieren – geschweige denn kontrollieren – können, zu unseren Gunsten ausfällt, dann haben wir Glück; wenn es zu unseren Ungunsten ausfällt, haben wir Pech. Glück manifestiert sich in Situationen, in denen die Sache, um die es geht, trotz unserer Bestrebungen und Bemühungen vom Zufall abhängt. Der Bankräuber etwa, der vom gerade erst an diese Bank versetzten Wachmann, dem Zeugen seiner jüngsten Heimsuchung einer anderen Zweigstelle, erkannt wird, hat ganz eindeutig Pech.

Der Glücksfall – jener Sachverhalt, bei dem eine Sache unvorhergesehenermaßen, »durch Zufall«, gut geht (jedenfalls nicht fehlschlägt) – muß sich nicht unbedingt gegen alle Wahrscheinlichkeit einstellen. Manchmal nämlich haben Menschen Glück, obwohl ihre Aussichten gut sind. Samuel hat russisches Roulette gespielt und ist am Leben geblieben, so daß er die Geschichte zum besten geben kann. Er hat Glück gehabt – obwohl nur eine der sechs Kammern seines Revolvers geladen war und die Wahrscheinlichkeit *für* sein Überleben sprach. Es war nämlich »reiner Zufall«, daß die Sache gut ausging. Wer

unversehrt aus einem schweren Unfall hervorgeht, hat Glück,
auch wenn unter denselben Umständen die meisten überleben (das heißt, daß Überleben wahrscheinlich ist), da es nur
auf den Zufall zurückzuführen ist, daß der Überlebende unter
den Glücklichen statt unter den Unglücklichen ist. Dennoch
würde man, wenn die Aussichten sehr günstig und das Element des Zufalls minimal ist, eher sagen, daß jemand »vom
Schicksal begünstigt« ist, als daß er »Glück hat«. (Wer im Lotto
gewinnt, hat Glück; wer verliert, hat nicht so sehr Pech, als
daß er nicht vom Schicksal begünstigt ist.)

Im großen und ganzen ist das Glück eine Macht, die in
den gewöhnlichen Lauf der Dinge einbricht, so daß wir nicht
das Recht haben, »Glückstreffer« zu erwarten. Gerade weil
wir in einer Welt leben, in der es nicht normal ist, daß die
Dinge so verlaufen, betrachten wir den Glücksfall als etwas
Außerordentliches. Eine »Glückssträhne« gar ist noch seltener
und muß gefeiert werden.

Wir haben immer dann besonders viel Glück, wenn uns
Dinge begegnen, die wir nicht erwartet haben und auf die wir
nicht vorbereitet sind – und zwar um so mehr, wenn es gegen
alle Wahrscheinlichkeit geschieht. Der Golfer, der mit nur
einem Schlag einlocht, hat Glück. Ein glückliches oder un-
glückliches Ereignis muß sich, um seinen Namen zu verdienen, gegen eine objektivierbare Vorhersagbarkeit einstellen.
Wer im Lotto gewinnt, hat Glück; wer verliert, weil er sich
wissentlich über ein hohes Maß an Unwahrscheinlichkeit
hinweggesetzt hat, hat aber nicht wirklich einen Anspruch
darauf, Pech attestiert zu bekommen – auch wenn man sagen
kann, daß er vom Schicksal nicht gerade begünstigt worden
ist. »Sie hätte wissen müssen, daß es so kommen würde«: es
war so überaus wahrscheinlich, daß sie nicht gewinnen würde, daß sie nicht hätte überrascht sein sollen. Man hat errech-
net, daß man viertausend Jahre lang täglich einen bestimmten
planmäßigen Flug zu buchen hätte, bis sich einmal ein Unfall

ereignet (den man dann wahrscheinlich noch überleben würde). Daher haben wir nicht Glück gehabt, wenn wir am Ende unseres Flugs wohlbehalten ankommen – obwohl es natürlich ein ausgesprochenes Unglück wäre, einer Katastrophe zum Opfer zu fallen.

Dementsprechend gehört zum Glück die Unmöglichkeit, es vorherzusagen. Eine erklärende Analyse des Glücks muß sich aber entscheiden, ob zum glücklichen Ausgang gehört, daß er (1) *vernünftigerweise nicht vorherzusagen* war (auf zwingende Weise von niemandem vorherzusagen war), daß er (2) von denen, die davon affiziert wurden, nicht *erwartet* worden ist oder daß er (3) unter den gegebenen Umständen von den Nutznießern *vernünftigerweise nicht vorherzusagen* war, im Prinzip aber, von anderen, vorherzusagen gewesen wäre. Sich für Alternative (1) zu entscheiden wäre nicht richtig, weil sie den unwissenden Empfänger eines überraschenden Geschenks vom Onkel aus Amerika zu Unrecht ausschließt. Alternative (2) ist nicht richtig, weil sie den Lottogewinner ausschließt, der so getrost wie grundlos ebendiesen Gewinn erwartet hat. Allein die Komplexität der kombinierten Alternative (3) ist, wie die Dinge liegen, eine angemessene Ausgangsbasis.

Das Unerwartete, das im Glück liegt, ist eng an unser Unwissen gebunden. Wenn man an eine Weggabelung kommt, an der man unter drei Möglichkeiten wählen muß, ohne eine Vorstellung zu haben, welcher der drei Wege zum Ziel führt, ist es objektiv unwahrscheinlich, daß man den richtigen wählen wird. Natürlich muß die Zufälligkeit, die mit unserem Unwissen verbunden ist, keine objektive sein (es ist kein »Zufall«, daß die Wege dorthin führen, wohin sie führen). Wenn man aber den richtigen wählt, dann geschieht das offenbar durch Zufall. *Dies* ist der Grund dafür, daß man Glück hat, wenn man die richtige Wahl trifft. Gerade weil Unvorhersagbarkeit immer eine Rolle spielt, sind die Menschen nicht gut beraten, »aufs Glück zu vertrauen«.

Wohlbedachte Bemühung sowie der Einsatz von Können, Begabung und Einsicht verdrängen das Glück vom Schauplatz. Daß eine Sache aufgrund fehlender Sorgfalt, Fähigkeit und Bemühung fehlschlägt – oder aufgrund des Einsatzes gelingt –, kann nicht auf Glück zurückgeführt werden. Wem eine Sache aufgrund seiner Inkompetenz fehlschlägt, der hat weniger Pech, als daß er vom Schicksal nicht eben begünstigt ist; es ist so gekommen, wie es nicht anders zu erwarten war. Der Präsident jedoch, in dessen Amtszeit eine Katastrophe passiert, die er nicht verschuldet hat – wie es etwa Herbert Hoover in Amerika mit der Weltwirtschaftskrise geschah –, hat einfach Pech. Es gibt aber auch Fälle, bei denen beides zusammenkommt. Der unvorsichtige Fahrer, der in einer Situation einen Unfall hat, in der normalerweise nichts passiert, hat Pech und ist zugleich vom Schicksal nicht begünstigt. Daher kann man selbst in Angelegenheiten, in die der Zufall eigentlich nicht hineinspielt, Glück haben; kann etwa eine Sache insofern durch bloßen Zufall auf den richtigen Weg bringen, als die Informationen, die man hatte, unzulänglich waren.

Demnach kann die Behauptung, daß in einem bestimmten Fall Glück im Spiel gewesen sei, durch den Nachweis widerlegt werden – oder sich als unzureichend erweisen –, daß es entweder um nichts ging, was von Bedeutung ist (daß der jeweilige Ausgang weder gut noch schlecht, sondern indifferent ist), oder daß die scheinbare Unvorhersagbarkeit keine war (daß der Nutznießer unter den gegebenen Umständen guten Grund hatte, den tatsächlichen Ausgang zu erwarten, weil er etwa das naturgemäße Ergebnis seiner Bemühung ist).

Ein Glücksfall liegt nur dann vor, wenn der günstige Ausgang nicht aus dem natürlichen Gang der Dinge, aus Planung oder Vorsorge resultiert, sondern unabsichtlich, aus Ursachen, die uns nicht einsichtig sind, oder, wie Goclenius' *Lexicon Philosophicum* (1613) es ausdrückt, »nicht aus Bemühung, Einsicht oder Verständigkeit des Menschen, sondern aus einer anderen, ganz und gar verborgenen Ursache«[8]. Folglich handelt es sich um ein Wirken des Glücks, wenn etwas aus Zufall geschieht, nicht, wenn es planmäßig eintritt. Zum Glück gehört das Element des Zufälligen und Unvorhersehbaren mit dem Spielraum, den dies der Überraschung einräumt. Was nach vernünftigem Urteil zu erwarten steht, kann kein Glück sein. Wenn Gutes oder Schlechtes auf gewöhnlichem Weg, durch zweckmäßige Bemühung oder durch Fehler zustande kommt – das heißt, wenn kein Zufall im Spiel ist –, haben wir es nicht mit Glück zu tun. Mit jemandem, der es zuläßt, daß er von einem Betrüger um seine Ersparnisse gebracht wird, hat das Schicksal es nicht gut gemeint, er hat aber strenggenommen nicht *Pech gehabt* – wie er es hätte, wenn er seine Ersparnisse bei einer vielversprechenden geschäftlichen Spekulation verloren hätte (wobei man natürlich, wenn der Betrüger sich sein Opfer mehr oder weniger willkürlich ausgesucht hätte, auf *dieser* Ebene sagen würde, es habe Pech gehabt).

Glück versus Schicksalsgunst

Glück liegt dann vor, wenn etwas Gutes geschieht, das außerhalb des Horizonts wirklicher Vorhersehbarkeit liegt. Es gibt somit einen signifikanten Unterschied zwischen Glück und Gunst des Schicksals. Man ist vom Schicksal begünstigt, wenn einem aufgrund des natürlichen Gangs der Dinge etwas Gutes widerfährt. Aber man hat Glück, wenn einem dies Gute zuteil wird, obwohl es zufälliger Natur ist – vor allem, wenn es einem wider alle vernünftige Erwartung und Wahrscheinlichkeit zuteil wird. Wer soviel Geld geerbt hat, daß er erster Klasse reisen kann, ist vom Schicksal begünstigt, hat aber nicht Glück im engeren Sinne. Umgekehrt hat aber

der Passagier Glück, den die Fluggesellschaft aus der Tou-
ristenklasse in die erste Klasse versetzt. Schicksal und Schicksalsgunst sind auf die Bedingungen und Umstände unseres
Lebens im allgemeinen bezogen, das Glück aber auf das im
spezifischen Sinn zufällige Gute und Böse, das uns widerfährt.[9] Unsere angeborenen Fähigkeiten und Begabungen
verdanken wir der Gunst des Schicksals; die Gelegenheiten,
die der Zufall uns über den Weg schickt, um uns zu helfen,
sind zum größten Teil Glückssache. Sich eine Erkältung ein-
zuhandeln heißt nur, vom Schicksal nicht eben begünstigt
worden zu sein, da dergleichen ziemlich regelmäßig vorkommt; sie sich am Tag eines eigenen Gesangsvortrags einzu-
handeln ist dagegen Pech.

Die positiven und negativen Dinge, die uns begegnen –
darunter auch alles, was man geerbt hat (in biologischer,
medizinischer, sozialer und wirtschaftlicher Hinsicht), die eigenen Fähigkeiten und Begabungen, die Umstände von Zeit
und Ort, unter denen man lebt (die etwa friedlich oder aber
chaotisch sein können) –, all dies sind Manifestationen dessen,
was man als Schicksal und Schicksalsgunst charakterisieren
könnte. Wer als furchtsamer oder mißlauniger Mensch geboren wurde, hat nicht Pech gehabt, sondern ist vom Schicksal
nicht gesegnet worden. Die positiven und negativen Dinge
jedoch, die einem zufällig und unvorhergesehen begegnen –
etwa ein Geldschein auf der Straße –, sind Glücks- oder
Unglücksfälle. John Doe hatte das (bescheidene) Glück, ein
Taschenmesser zu besitzen. Aber es war sein ausgesprochenes
Glück, daß er es bei sich hatte, als er es eines Tages brauchte,
um sich nach einem Schlangenbiß zu verarzten. (Er trug das
Messer nicht immer bei sich, an jenem Tag aber hatte er es zufällig mitgenommen.) Erbe eines großen Vermögens ist man
dank der Gunst des Schicksals, aber man hat Glück, wenn
man es kurz vor dem Bankrott erbt. Glück und Zufall sind die
zwei Seiten einer Medaille. Schicksal ist etwas anderes, sofern

ihm das Element des Zufalls fehlt. Angenommen, ein großer, bisher unbekannter Meteorit wäre auf Kollisionskurs mit der Erde. Damit wäre das Schicksal der Menschheit besiegelt. In einer bestimmten, berechenbaren Zahl von Tagen würde die Erde von einer undurchdringlichen Staubwolke bedeckt sein, die sie für Säugetiere unbewohnbar machen würde. Eine Katastrophe, und doch wäre unsere Auslöschung unter diesen Umständen strenggenommen eher die Ungunst des Schicksals als ein Unglück. Es ist das Element der Überraschung, des Zufalls und der Unvorhersagbarkeit, das das Glück von allem Schicksal unterscheidet.[10]

Die Zufälligkeit des Glücks bedeutet, daß bei Interaktionen, bei denen nur eine Partei alle Risiken eingeht, auch nur eine Glück haben kann. Die Betreiber einer Lotterie gewinnen notwendigerweise – Glück können nur die Spieler haben. Dasselbe gilt für Spielcasinos, bei denen die Dinge so geregelt sind, daß das Haus kein Risiko eingeht.

Somit kann man zwar (unter bestimmten Umständen) vom Schicksal begünstigt sein, rote Haare zu haben (wenn einen dies irgendwie für das Empfangen einer Wohltat qualifiziert), man kann aber nicht Glück haben, rote Haare zu haben. Das Glück als solches muß zufällig sein – und dieser Zug des Glücks spiegelt sich in seiner Unbeständigkeit und Bestandlosigkeit wider. Ein schottisches Sprichwort, das schon 1721 zitiert wird, sagt: »Nach dem Pech kommt das Glück« (wobei das Umgekehrte ebenso wahr wäre). Und ein anderes altes Sprichwort besteht auf dem folgenden: Das einzig Gewisse beim Glück ist, das es sich wenden wird.

Nur wenn man den Gedanken, daß es ein *Los* im Leben gibt, allzu buchstäblich nimmt – indem man sich die Entstehung menschlicher Biographien (absurderweise) wie eine Lotterie vorstellt, die identifizierbaren Individuen *vor ihrer Existenz* Lebenspläne zuteilt –, könnte man das gesamte Schicksal eines Menschen als Glückssache auf den Begriff bringen. Nur dann würde sich die Gesamtsumme alles Guten und Schlechten, das dem Menschen zuteil wird, auf etwas reduzieren, was als ein Ganzes zufällig zugemessen würde. Das ist offenkundig unrealistisch. Daher kann eine Person vom Schicksal mit einer mathematischen Begabung begünstigt sein, sie kann aber in dieser Hinsicht kein *Glück haben*, da der Zufall hier keine Rolle spielt. Ihre Begabung ist Teil dessen, was diese Person zu dem Individuum macht, das sie ist. Man kann zwar Glück haben, einem Menschen zu begegnen, der einen anleitet oder dabei unterstützt, eine Begabung zu entwickeln. Diese Begabung zu besitzen ist aber eine Sache der Gunst des Schicksals, nicht des Glücks. Es hat keinen Sinn, das persönliche Schicksal als Glücksspiel zu betrachten, weil das einen präexistenten Spieler voraussetzte, der dann erst ins Spiel eingreift. Der Mensch hat kein vorgängiges, unidentifiziertes Individuum, das das besagte Los mit seiner bestimmten Ausstattung zöge. Man muß schon da sein, um Glück haben zu können. Man ist zweifellos vom Schicksal begünstigt, in ein reiches, technisch entwickeltes Land geboren worden zu sein statt in eine vom Hunger bedrohte Gemeinschaft. Doch ist dies nicht Sache des Glücks. Es gibt keine außerweltliche, der Zeugung vorgängige Version des Selbst, die das Glück hat, einen guten Posten zu erwischen.

Die Unterscheidung, die hier getroffen wird, gibt nicht einfach den Sprachgebrauch wieder; es geht auch um sprachliche Richtlinien. Wenn wir das Mädchen, das sich gerade verlobt hat, fragen: »Und wer ist der Glückliche?«, sollten wir strenggenommen vom »Schicksalsbegünstigten« sprechen. Die Regel der Unterscheidung, die im exakten Denken zwischen Glück und Schicksalsgunst besteht, wird vom Sprachgebrauch gelegentlich durch die Ausnahme bestätigt.

Was ist Glück?

Nichts gewonnen, nichts verloren. Von Zeit zu Zeit »sein Glück zu versuchen« ist völlig vernünftig – während »auf das Glück zu vertrauen« als systematische Politik ziemlich verwegen ist.

Was ist Glück? Wenn wir eine bestimmte Entwicklung als ein Glück für jemanden beschreiben, stellen wir zwei grundsätzliche Behauptungen auf:

– daß es, soweit es die betroffene Person angeht, »zufällig« so gekommen ist. Wo Glück sein soll, muß es etwas Unvorhersagbares geben. (Wir würden nicht sagen, daß Leute Glück gehabt hätten, die Post im Briefkasten zu finden – es sei denn, daß, mit einigen zufälligen Ausnahmen, darunter einem Poststück von dringlicher Bedeutung an ihre Adresse, die gesamte Post bei einer Katastrophe vernichtet worden wäre.)
– daß der betreffende Ausgang eine signifikante Bewertung möglich macht, nämlich ein gutes oder schlechtes Resultat, einen Gewinn oder einen Verlust darstellt. (Wenn jemand in der Lotterie gewinnt, dann hat er Glück; wenn ein anderer von einem Meteoriten getroffen wird, dann hat er Pech; ein zufälliges Ereignis aber, das indifferent ist – sagen wir, jemand wird von einer vorüberziehenden Wolke beregnet –, hat weder in diesem noch in jenem Sinne etwas mit Glück zu tun.)

Demzufolge gehören drei Dinge zum Glück: (1) ein Nutznießer oder Leidtragender[11], (2) ein Geschehnis, das vom Standpunkt des betroffenen Individuums aus nützlich (positiv) oder schädlich (negativ) sowie darüber hinaus (3) zufällig (unerwartet, unvorhersehbar) ist.

Glück umfaßt somit immer ein normatives Element von gut oder schlecht: Es muß jemand durch ein Ereignis positiv oder negativ affiziert worden sein, damit dessen Eintreten als im eigentlichen Sinne glücklich bezeichnet werden kann. Nur weil wir Interessen haben – weil Dinge uns zu unserem Vor- oder Nachteil affizieren können –, kann das Glück eine Rolle spielen. Man hat nicht eigentlich Glück, wenn man im Park auf Tauben trifft oder wenn am Himmel eine Wolke vorüberzieht, da solche Dinge normalerweise nicht das eigene Wohlergehen beeinflussen. (Etwas anderes wäre es, wenn man deshalb eine Wette laufen hätte.)

Wenn aber niemand sagen kann, ob die jeweiligen Entwicklungen für die betroffenen Individuen gut oder schlecht sind – wenn alles zweideutig und verworren ist, so daß man nicht sagen kann, ob das, was geschieht, zu jemandes Vor- oder Nachteil geschieht –, kann von Glück nicht mehr die Rede sein. Nehmen wir Don Quichotte aus Cervantes' klassischem Roman. Für jeden normalen Menschen wären jene bizarren Episoden – etwa die berühmte Begegnung mit den Windmühlen – ein Unglück. Für den fahrenden Ritter von La Mancha aber, mit seiner Verrücktheit (locura) und seiner seltsamen Art, die Dinge zu betrachten, war dies vielleicht nur gut so, weil es beweisen konnte, wie ernsthaft er seiner ritterlichen Mission verpflichtet war. Die Unsicherheit, die hier bezüglich der Frage von Glück oder Unglück herrscht, läßt es angebracht erscheinen, nicht von Glück zu sprechen, für dessen Funktionsweise die Aussicht auf Gewinn oder Verlust wesentlich ist. Ein im physikalischen Sinn träges Ding – sagen wir ein Felsen oder ein Hammer – kann kein Glück haben. Natürlich kann es beschädigt oder vor Schaden bewahrt werden. Das Fehlen jeglicher Affizierbarkeit aber bringt das Fehlen von Interessen mit sich und schließt dadurch die Funktionalität des Glücks aus.

Sofern man das Ausbleiben eines schlechten Ereignisses mit dem Ereignis eines Guten (und umgekehrt) gleichsetzen kann, werden diese direkten und indirekten Modi des Glücks miteinander identifiziert. (Was auch plausibel ist, da die gerade angesprochene Gleichung – das Nichtsein des Negativen = das Sein des Positiven – völlig angemessen erscheint.) Nicht zu verlieren ist vielleicht keine Form zu gewinnen, es ist aber gleichwohl etwas Positives. Jedenfalls liegt Glück nicht nur darin, real etwas zu gewinnen, sondern auch darin, ein Risiko einzugehen, ohne dafür bestraft zu werden.

Krieg es für Kolumbus ein Glück, Amerika entdeckt zu haben? Daß er rein zufällig auf den Kontinent stieß, darüber gibt es keinen Zweifel. Eine Wertung vorzunehmen ist aber nicht so einfach. Der Wert, den die Entdeckung für Kolumbus hatte, hängt vom Horizont seiner Zeit ab. Kurzfristig kam er durch sie zu Ruhm und Ruf eines glückhaften »Admirals der Meere«. Mittelfristig trug sie ihm unsägliches Elend und endlosen Ärger für den Rest seines Lebens ein. Langfristig bescherte sie ihm unsterblichen Ruhm. Aber allgemein gesprochen ist die Frage, ob ein bestimmtes Ereignis ein Glück oder ein Unglück ist, danach zu beantworten, wie es sich unmittelbar, nicht danach, wie es sich später auswirkt. Wenn sich eine Sturmflut in den Keller des eigenen Hauses ergießt, dann ist das ein Unglück, auch wenn man später im Zuge der Reparaturarbeiten zufällig auf ein vergessenes Weinlager stößt. Dieses Glück kann jenes Unglück vielleicht *ausgleichen*, es aber nicht als solches verändern.

Das Glück und das Außergewöhnliche

Vieles im menschlichen Leben ist Routine, und die Dinge nehmen vorhersehbar ihren natürlichen Verlauf. Und so soll es auch sein. Denn ohne solche Routine – ohne Gewohn-

heit, Regelhaftigkeit und Normalität – wäre das menschliche
Leben, so wie wir es kennen, kaum möglich. Wenn Brot uns
an einem Tag nährte, am nächsten aber umbrächte; wenn unser Nachbar jetzt ein gutartiger Freund, im nächsten Augenblick aber ein mordender Amokläufer wäre, würden menschliches Leben und menschliche Gesellschaft keinen Bestand
haben können, ja sie hätten sich gar nicht entwickeln können.
Doch kann die Regelhaftigkeit der etablierten Ordnungen im
menschlichen Bereich nicht alles bestimmen. Oft stellt ein
Zufall unsere Pläne auf den Kopf, um gleichsam aus dem
Nichts Entwicklungen anzustoßen, die starken Einfluß auf
unser Wohlergehen haben. Und genau an diesem Punkt be-
tritt das Glück die Bühne – das Glück, das notorisch wankel-
mütig ist. Horaz hat dies folgendermaßen zum Ausdruck
gebracht:

> Fortuna, ihres grausamen Geschäftes froh
> und beharrlich in ihrem übermütigen Spiele,
> wechselt die unsichern Würden, bald mir günstig,
> bald andern.[12]

Das Glück ist die Antithese zur vernünftigen Erwartung. Es
manifestiert sich am deutlichsten bei überraschenden Ereignissen, die plausiblen Voraussagen ein Schnippchen schlagen.
Hervorragende Beispiele für Ereignisse, die geeignet sind, uns
zu überraschen, sind die, über die wir keine Kontrolle haben,
und die von Natur aus *auf Zufall beruhen*. Das Glück gedeiht in
der Nische zwischen Wahrscheinlichkeit und Wirklichkeit,
zwischen dem, was vernünftigerweise erwartet werden kann
(was »geschehen sollte, wenn es mit rechten Dingen zu-
ginge«), und dem, was tatsächlich geschieht. Wenn beides
übereinstimmt, ist das Glück aus dem Spiel. (Wie wir gesehen
haben, ist jemand, dem ein vorhersehbarer Gewinn zuteil
wird, durch denselben vom Schicksal begünstigt, hat mit ihm

aber nicht Glück.) Wenn aber Gutes oder Schlechtes uns unter Umständen zuteil wird, unter denen die Wirklichkeit im Widerspruch zu dem steht, was vernünftigerweise zu erwarten war, dann haben Glück beziehungsweise Unglück eine Rolle gespielt.

Gleichwohl kann eine glückliche oder unglückliche Entwicklung aus der Sicht des Betroffenen auch dann Glückssache sein, wenn sie von anderen bewußt ins Werk gesetzt wurde. (Wenn einem ein unbekannter Wohltäter einen Scheck über eine große Summe zuschickt, ist das für *einen selbst* ein Glücksfall, auch wenn *er* die Tat schon vor Jahren geplant hat.) Daher kann das Geschehnis, um das es geht, für die Beteiligten auch dann auf Glück beruhen, wenn eine dritte Person die unerwartete Entwicklung vorherzusagen imstande war.

Der Faktor der Unvorhersagbarkeit ist für das Glück entscheidend, weil er den wesentlichen Unterschied zu dem darstellt, was aus guten und zureichenden Gründen erwartet werden kann. Es gibt zwei Hauptquellen für diesen Mangel an Vorhersagbarkeit: den Zufall und die Unwissenheit. Was den ersten betrifft, so liegt es in der Natur der Sache, daß etwas, wenn es allein aufgrund des echten stochastischen Zufalls geschieht, nicht verläßlich vorhergesagt werden kann, sofern seine Wahrscheinlichkeit ausreichend gering ist. (Wobei wir eine zufällige Entwicklung, wenn sie mit einer Wahrscheinlichkeit von 99,9 Prozent eintritt, natürlich mit hoher, wenn auch nicht absoluter Verläßlichkeit vorhersagen können.) Die zweite Quelle der Unvorhersagbarkeit ist Unwissenheit. Wenn man auf der Straße an eine Gabelung gelangt und nicht weiß, welcher Weg zum Ziel führt, dann wird man den richtigen nur durch reinen »Zufall« wählen, obwohl es in keiner Weise zufällig ist, wohin die Wege führen. Daher ist es gut, ein einziges Wort zu haben, das sowohl die auf Zufall als auch die auf Unwissenheit beruhende Unvorhersagbarkeit zum Ausdruck bringt; im Englischen ist »fortuitously« ein solches Wort. Wenn man beim Roulette (wo der Gewinn vom Zufall abhängt) auf die richtige Farbe setzt oder den richtigen Weg bei einer Gabelung erraten muß, kann man im Englischen in beiden Fällen sagen, es richtig gemacht zu haben sei »fortuitous« gewesen. Sowohl in diesem als auch in jenem Sinne war die zufällig richtige Entscheidung eine Sache des Glücks.

Es gibt im allgemeinen drei Möglichkeiten, der guten Dinge wie Gesundheit, Wohlstand, Erfolg und dergleichen teilhaftig zu werden: theoretisch können wir sie erstens durch Anstrengung und harte Arbeit erlangen, zweitens durch die Gunst des Schicksals, durch die Zufälligkeit von Geburt und Erbe, und drittens durch reines Glück, durch Gewinn in der »Lotterie des Lebens«. Gewöhnlich, das heißt meistens und für die meisten von uns, sind die guten Dinge nur durch Anstrengung, durch Planung, Plackerei und Ausdauer, zu erlangen, während das Glück leicht ans Ziel der Wünsche führt – gleichsam durch »Götterfügung«. (Und natürlich funktioniert es so im positiven wie im negativen Sinn; was das Glück gibt, kann das Unglück wieder nehmen.) Das Glück ist gewissermaßen eine Abkürzung zur Erlangung der guten Dinge des Lebens. Mit Glück bekommen wir etwas für nichts – eine unerwartete und unverdiente Wohltat. Normalerweise werden uns die guten Dinge aufgrund unserer Fähigkeiten und Anstrengungen zuteil, und die schlechten bestrafen unsere Fehler. Das Glück stellt einen alternativen Weg dar. Wenn man seines Glücks in vollem Umfang inne wird, ist die natürliche Reaktion darauf nicht nur eine der Überraschung, sondern auch eine des Behagens. Wenn man aufgrund einer Laune der Umstände – ungebeten und unerwartet – in den Genuß einer Wohltat gelangt, kann man nicht anders, als sich zu freuen.

Unter den amerikanischen Präsidenten war Ulysses S. Grant vom Schicksal begünstigt, weil der Krieg ihn aus der Namenlosigkeit hervortreten und für das Amt in Frage

kommen ließ; Harry S. Truman hatte aufgrund einer Reihe
von Zufällen, die ihn zur Zeit des Todes von Franklin D.
Roosevelt zum Vizepräsidenten machten, das Glück, besagtes
Amt schließlich bekleiden zu dürfen. Da zum Glück Dinge
gehören, die unvorhersehbar zu unserem Vor- oder Nachteil
in Erscheinung treten, ist es offenkundig, daß Menschen
glücklich zu schätzen sind, wenn sie im Leben über das Maß
des vernünftigerweise zu Erwartenden hinaus, das geerbte
Veranlagung und erworbene Fähigkeiten bestimmen, Erfolg
haben. Und die, die Mißerfolg haben über das Maß des
vernünftigerweise zu Erwartenden hinaus, das ihre Fehler,
Unzulänglichkeiten und persönlichen Defizite bestimmen,
müssen als unglücklich gelten. Soweit die Dinge ihren normalen, natürlichen und zu erwartenden Gang gehen, ist
Glück nicht im Spiel. Zum Glück gehören Abweichungen
vom zu Erwartenden, und seinen Platz auf der Bühne des
menschlichen Lebens behauptet es aufgrund der Tatsache, daß
die Umstände unseres Lebens nicht voraussagbar sind: Ganz
gleich, ob es sich um die sozialen, politischen oder meteoro-
logischen handelt, die Dinge gehen schlicht und einfach nicht
immer ihren gewöhnlichen und regulären Gang. Selbst dem
Aufmerksamsten entgeht manchmal etwas, und auch ein
Muhammad Ali oder ein Pete Sampras kann einen schlechten
Tag haben, an dem er weit von seiner gewöhnlichen un-
schlagbaren Form entfernt ist.

Was immer das Glück uns gewährt, gewährt es freiwillig; in
dem Maße, in dem das Glück sich manifestiert, bedarf es unserer Begabung oder Bemühung nicht; kein Verdienst ist im
Spiel. Und was immer das Pech oder das Unglück uns nimmt,
schmälert unsere Verdienste nicht. Das Glück hat Einfluß auf
unsere persönlichen Umstände, spiegelt uns aber nicht unseren persönlichen Wert. Abraham Lincoln, James Garfield und
William McKinley wurden von Attentätern erschossen,
während Theodore Roosevelt, Harry Truman und Ronald

Reagan Attentate überlebten (Truman blieb sogar völlig unversehrt; auch in dieser Hinsicht hatte er Glück). Weder besondere Verdienste noch besondere Vergehen sind hiermit
verbunden. Das Glück hat sich einfach in dieser Weise gezeigt.
   Der Zufall bringt sich am deutlichsten ins Spiel, wenn
Umstände, die unwahrscheinlich sind, Realität werden. Wir
haben insbesondere dann Glück, wenn eine Sache gelingt,
obwohl wir nichts dafür oder gar das Falsche getan haben.
Und Pech haben wir besonders dann, wenn eine Sache fehlschlägt, obwohl wir alles richtig gemacht haben. Der Kranke,
der trotz falscher Medikamente genesen ist, hat Glück gehabt;
bei dem, dessen Leiden sich trotz richtiger Rezepte und Be-
handlungen verschlimmert hat, kann man nur von großem
Unglück sprechen. In solchen Fällen weist die Logik der Situation, wie sie sich dem gesunden Menschenverstand darstellt,
in die eine Richtung, das Schicksal aber in eine andere. Daß
Glück am Werk war, ist gerade bei günstigen und ungünstigen
Entwicklungen offenkundig, zu denen es »mit rechten
Dingen« nicht hätte kommen dürfen.
   Von tausend Aktien *müssen* einfach einige steigen und andere fallen – selbst in den besten und in den schlechtesten Zeiten. Und jeder einzelne Aktienanteil muß irgend jemandem
gehören. Daher wird es immer Gewinner und Verlierer geben.
Und wer zu diesen und wer zu jenen gehört, wird – wenn man
von einer Unvorhersehbarkeit der Kursschwankungen ausgeht
– im allgemeinen nur vom Glück abhängen. Aktienhändler,
die zufälligerweise »Gewinner« besitzen, machen dafür natürlich gern eine besondere Begabung oder Sachkenntnis verantwortlich. Doch dürfte das unter den gegebenen Umständen
weit hergeholt sein (zumindest nach den bewährten Markt-
theorien). Nur wer in der Lage ist, sich auf hohem Niveau und
über eine den Zufall virtuell ausschließende Zeitspanne in
dieser Branche zu betätigen, kann vielleicht Fähigkeit statt
Glück für seinen Erfolg verantwortlich machen.

Von Glück zu sprechen hat nur vor dem Hintergrund einer Normalität und der Möglichkeit einer vernünftigen Erwartung Sinn. Wer einen Flugzeugabsturz überlebt, hat Glück gehabt, da er dem Tod nur knapp entkommen ist. Dagegen hat, wer einen normalen Flug heil übersteht, nicht Glück gehabt, da ihm nur zuteil geworden ist, was normal, natürlich und zu erwarten war. Wer in einem Heuhaufen eine Nadel sucht und sie gleich findet, hat Glück, da ein solcher Erfolg nicht dem entspricht, was unter den gegebenen Umständen zu erwarten ist. Wer aber die Nadel nicht eher findet, als bis ihm der letzte Strohhalm unter die Augen gekommen ist, hat Pech. Glück und Pech sind vor dem Hintergrund des unter normalen Umständen zu Erwartenden definiert und laufen diesem stets zuwider.

Wie es uns ergeht im Leben, wie unsere Zukunft aussehen wird, hängt nicht allein von unserer Natur (von dem, was wir *sind*) ab, sondern auch von den Umständen, von jenen zufälligen Gelegenheiten, die es uns erlauben oder eben nicht erlauben, uns zu verwirklichen. Unsere Befindlichkeit auf der Bühne der Welt ist das Produkt von *Schicksal* (dem, was wir sind), *Umständen* (dem Kontext, in den wir versetzt wurden) und *Glück* (dem, was uns zufälligerweise widerfährt).

Das Glück gedeiht auf unserer Verwundbarkeit, wobei die Menschen in gewissen Zeiten und Umständen verwundbarer sind als in anderen. Entscheidend für die Bedeutung, die das Glück haben kann, ist folglich, ob wir in *normalen* oder in *außergewöhnlichen* Zeiten und Umständen leben – in »ruhigen« Zeiten oder in Zeiten von Krieg, Revolution und Unruhen, die dem Glück mit ihrer Launenhaftigkeit einen größeren Spielraum einräumen. Nur wenn die Dinge ihren gewöhnlichen Gang gehen, wird unsere »Natur« die Möglichkeit haben, sich durchzusetzen. In außergewöhnlichen Zeiten und Umständen dagegen treten die Faktoren Zufall und Glück destabilisierend in den Vordergrund. Der Spielraum des Glücks im Leben hängt selbst von der Gunst des Schicksals ab.

2. Fehler bei der Voraussicht

Die Grenzen der Vorhersagbarkeit

Anders als die Gunst oder Ungunst des Schicksals wird das Glück als solches von der Voraussicht aufgehoben. Wenn ich weiß, daß ich morgen beim Glücksspiel gewinne (etwa weil ich bestimmen konnte, wer ausgelost wird), wird mir vielleicht die Gunst des Schicksals zuteil, ich habe aber kein Glück. Wenn ich morgen als Pferdedieb gehängt werde, ist das die Ungunst des Schicksals, nicht aber Unglück. Glück und Pech können sich nur manifestieren, wenn der Betroffene ihrer nicht gewärtig ist. Eine günstige und ungünstige Entwicklung, die man (ungefähr) vorhersehen kann, ist keine Glückssache.[1] Immer, wenn wir in Fragen, von denen unser Wohlbefinden abhängt, mit unserer Voraussicht danebenliegen, sind wir in die Hand des Glücks gegeben. Daraus folgt, daß das Glück Einfluß auf das menschliche Leben hat, weil unsere Fähigkeit, den Gang der Dinge vorauszusagen, begrenzt ist.

Sich auf das Glück allein zu verlassen heißt natürlich, Unheil heraufzubeschwören, da die Unvorhersagbarkeit zum Wesen der Sache gehört. Ob zu unserem Vor- oder Nachteil, wir leben in Umständen, in denen sowohl die Natur der Dinge als auch die Beschränktheit unserer Erkenntnis dafür sorgen, daß einer erfolgreichen Vorhersage Hindernisse entgegenstehen. Natürliche Hindernisse bestehen insofern, als die Zukunft *ihrer Faktizität nach offen* ist, das heißt kausal nicht oder zumindest durch die bestehenden Realitäten der Gegenwart nicht völlig determiniert und daher für die Kontingenzen von Zufall und Entscheidung offen ist. Kognitive Hindernisse bestehen insofern, als die Zukunft *epistemologisch unzugänglich* ist, entweder weil wir die operativen Gesetze nicht kennen (Ungewißheit) oder weil wir die erforderlichen Daten nicht haben (Kurzsichtigkeit der Vorhersage) oder weil die Schluß- folgerungen und Berechnungen, die notwendig sind, um den Gesetzen und den Daten Antworten entnehmen zu können, zu einer Komplexität führen, die unsere Fähigkeit zur Vor- hersage übersteigt (Unfähigkeit). Jedenfalls wird eine rationale Vorhersage, aus welchem Grund auch immer, prinzipiell unmöglich. Auf dieser Basis schaffen die besagten Formen von Unwissenheit und Zufälligkeit, die Vorhersagen vereiteln, Spielraum fürs Glück. Es ist aufschlußreich, diese prinzipiellen Hindernisse, die einem verläßlichen Blick in die Zukunft entgegenstehen, etwas näher zu betrachten.

Ontologische Unvorhersagbarkeit: der Zufall

D er Zufall ist es, der dem Glück Tür und Tor öffnet. Wenn die Chancen schlecht stehen und man dennoch erfolg- reich ist, hat man Glück. Umgekehrt hat man Pech, wenn die Chancen gut stehen und der Erfolg dennoch ausbleibt.

Der Zufall ist natürlich einer der Hauptfaktoren, die un- sere Fähigkeit zur Vorhersage einschränken. Er ist das Moment der Gesetzlosigkeit in den Phänomenen selbst; sein Wirken ist in der objektiven, ontologischen Beschaffenheit der Dinge verwurzelt. Die Vorgänge einer Welt, die von Zufall und Chaos durchzogen ist – um von den Launen der handelnden Menschen ganz zu schweigen –, sind genuin *zufälliger* (oder *stochastischer*) Natur, da sie sich zu keiner fest umschriebenen, das Resultat determinierenden Regel konform verhalten. Wo Vorhersagbarkeit nicht nur aus praktischen Gründen, sondern prinzipiell unmöglich ist, kann die Welt theoretisch von einer bestimmten Vergangenheit zu verschiedenen, aber gleichermaßen möglichen Formen der Zukunft fortschreiten: prinzipiell kann ein und dieselbe Geschichte verschiedene Fortsetzungen haben. Soweit Entwicklungen in dieser zufälligen Kausalität wurzeln, schließen sie jede Möglichkeit verläßlicher vernünftiger Vorhersage aus. (Wobei wir aber natürlich imstande sein können, Wahrscheinlichkeiten abzuschätzen.)

In einem verwandten, aber weit weniger strengen Sinn begreift man noch andere Geschehnisse als zufällig – nicht weil sie aus der Ereignisfolge von Ursache und Wirkung herausfallen, sondern weil sie auf anderem Weg als jenem zustande kommen, auf dem sich die Dinge des jeweiligen Phänomenbereichs *normalerweise* verketten. (Ein Beispiel wäre die Ermordung einer politischen Schlüsselfigur.) Zufall im strengen Sinne bedeutet, daß die Naturgesetze die Zukunft nicht determinieren können, während die schwächere Form des Zufalls, um die es hier geht, nur bedeutet, daß die gewöhnlichen und vertrauten Regularitäten nicht dazu in der Lage sind. (Eine zufällige Begegnung zwischen Menschen ist im allgemeinen nur in diesem schwächeren Sinn zufällig.)

Der Zufall schließt richtige Vorhersagen nicht aus. Wird beim nächsten Wurf eine Sechs gewürfelt? Antwortet man aufs Geratewohl mit ja, kann man richtig liegen und gelegentlich sogar eine spektakuläre Serie haben. Nur wird man nicht »öfter als durch Zufall« richtig liegen, und genau darum geht es der vernünftigen Vorhersage: öfter richtig zu liegen, als der Zufall erlaubt. Somit wird, wo der Zufall am Werk ist, sichere Vorhersage unmöglich. Die Aktienkurse von morgen kann niemand verläßlich vorhersagen. Selbst die vollständigste Kenntnis der heutigen Medizin kann keine sichere Grundlage bieten, um den zukünftigen Weg der Krankheiten bei be-

stimmten Individuen vorauszusagen. Und auch der bestinfor-
mierte Beobachter des öffentlichen Lebens kann nicht ohne
Kontakt zu der Zeitung verläßlich vorhersagen, wie ihre morgige Schlagzeile lauten wird.

Die Deterministen pflegen den Zufall gänzlich aus dem
Weltmodell zu verbannen, weil sie die Ansicht vertreten, daß
die Beschaffenheit der Zukunft vorbestimmt sei. Für sie ist die
Weltgeschichte von Beginn an vorprogrammiert, sei es durch
die Zwangsläufigkeit eines wissenschaftlichen Gesetzes (wie
Pierre-Simon de Laplace vorschlug), durch die Verfügungen
einer alles kontrollierenden Gottheit, durch das unerbittliche
Schicksal oder durch »die Sterne« (wie die Astrologie behauptet). Der Würfel ist gefallen, unsere Zukunft ist entschieden,
und für ihr Kommen bleibt nichts mehr zu tun. Was sein muß,
ist und war von Beginn an unabänderlich vorbestimmt. Aus
einer solchen Perspektive betrachtet, haben die Menschen ihr
Schicksal nicht in der Hand und keinen Einfluß darauf, was auf
der Bühne der Welt geschieht; wir können bestenfalls freiwillig tun, was vorbestimmt ist: die Dinge nehmen ihren unabänderlichen Lauf, und wir mit ihnen.[2] Wir können uns in
eine gewisse Übereinstimmung mit dem Lauf der Welt
bringen, aber wir können ihn nicht ändern. Dies war letztlich
die Lehre des antiken Stoizismus, und die Position Spinozas
im siebzehnten Jahrhundert war davon nicht weit entfernt.

Eine *deterministische* Welt ist somit eine, in der der Zufall
keine Rolle spielt – eine, die (im Prinzip) *vollkommen* vorhersagbar ist, so daß es für einen hinreichend starken Intellekt mit
umfassendem historischem Wissen keinen Raum für Überraschungen gibt. Der Ausblick auf eine solche Welt eröffnet die
Möglichkeit, auf die Berechnung von Wahrscheinlichkeiten zu
verzichten, weil dezidierte Vorhersagen gemacht werden könnten. Aber wie weit dieser idealisierte Zustand auch im einzelnen
erreicht werden mag, immer wird sich noch eine Unvorhersagbarkeit einstellen und in ihrem Gefolge notwendig das Glück.

Tatsache ist, daß die neuere Physik dazu übergegangen ist, unsere Welt als indeterministisch zu betrachten. Sie betont die Rolle stochastischer Zufälligkeit im Weltgeschehen und stützt sich dabei auf jene zahllosen physikalischen Phänomene, die – wie etwa die Quantenprozesse – wesentlich probabilistisch sind. So läßt sich beispielsweise nicht annehmen, daß die Zeit, in der ein bestimmtes Atom eines instabilen transuranischen Elements in einfachere Komponenten zerfällt, voraussagbar sei, denn eine solche Zeit kann prinzipiell nicht vorbestimmt sein. Aus der Sicht der zeitgenössischen Physik zwingt uns die überragende Bedeutung, die stochastische Prozesse in der Natur haben, von exakten Voraussagen zur Verteilung von Wahrscheinlichkeit überzugehen. Schon vor dem Aufkommen der Quantentheorie waren die allgemein anerkannten Gasgesetze statistischer Natur, und dasselbe galt für das Entropiegesetz in der Thermodynamik und für Josiah Willard Gibbs' Phasenregel in der Chemie. Schritt für Schritt hat sich die moderne Wissenschaft vom Determinismus fort- auf eine Lehre des eingeschränkten Zufalls zubewegt. Und natürlich ist das Wirken des Zufalls nicht auf die Physik beschränkt. In der Biologie sehen wir Zufälligkeiten in genetischen Mutationen; in der Ökonomie gibt es die Zufallstheorie der Börsenschwankungen und so weiter. Der Zufall ist ein Faktor, der in der ganzen modernen Wissenschaft präsent ist – etwa durch die Verbreitung probabilistischer und statistischer Techniken. Natürlich räumen die verschiedenen Bereiche dem Zufall unterschiedlichen Spielraum ein: in der Politik ist er offenkundig größer als in der Himmelsmechanik.

Während die einzelnen Zufallsereignisse in der Tat unvorhersagbar sind, bedeutet gerade die Willkür zufälliger Schwankungen, daß über die »Zufallsgesetze«, die in der Wahrscheinlichkeitstheorie niedergelegt sind, eine Phänomenologie im großen Maßstab durchaus vorhersagbar sein kann. Der Zufall *kann* offenkundig die Möglichkeit einer Vorhersage versperren, aber er muß es natürlich nicht. In der Quantentheorie etwa ist es in hohem Maße unwahrscheinlich, daß ein Atom mit einer Halbwertzeit von einer Woche in einem Jahr noch dasein wird. Man könnte – und würde – daher ruhigen Gewissens vorhersagen, daß es nicht mehr dasein wird. Was hier fehlt, ist nicht Vorhersagbarkeit, sondern die Gewißheit des Nichtvorhandenseins einerseits und die Eindeutigkeit des Resultats andererseits. Zufall und Indeterminiertheit öffnen der Unvorhersagbarkeit die Tür, wenn auch vielleicht nicht so weit, wie man zunächst denken könnte: sofern man nämlich erkennt, daß Zufalls-, das heißt Wahrscheinlichkeitsvorhersagen oft mit vernünftiger Sicherheit gemacht werden können. Aber natürlich öffnet jede Form von Unvorhersagbarkeit dem Glück Tür und Tor.

Der Zufall ist imstande, unsere ausgeklügeltsten Pläne zu sabotieren. Aus diesem Grunde erfüllt er Reformer und Idealisten mit Unbehagen; am liebsten würden sie ihn mit ihren ideologischen Konstrukten bannen. Utopisten und Perfektionisten – Planer aller Art – können mit dem Glück nicht viel anfangen.

Über Ergebnisse, die unmittelbar vom Zufall abhängen, hat niemand Gewalt. Aus theologischer Sicht könnte man Zufallsgeschehnisse auf das Wirken eines göttlichen Willens zurückführen oder Gott die Fähigkeit zusprechen, das Eintreten irgendwelcher Zufallsereignisse vorherzusehen, aber *wir* können Zufallsresultate nicht öfter richtig vorhersagen, als der Zufall selbst es erlaubt.

Chaos

Auch das Chaos bereitet dem Glück den Weg, indem es der Vorhersage hohe Hindernisse entgegenstellt. Ein physikalisches System gilt als »chaotisch«, wenn seine Prozesse derart sensibel auf Bedingungen reagieren, daß kleinste, lokale Unterschiede oder Abweichungen im Anfangsstadium sehr große, substantielle Unterschiede im Endresultat hervorbringen können.[3] Das Bewegungsmuster von Zigarettenrauch oder der Weg eines Luftballons, den man fliegen läßt, sind hierfür Beispiele. Nicht einmal die exakteste Messung der Ausgangsbedingungen wäre präzis genug, um eine Vorhersage der Bewegungsmuster zu ermöglichen.

Die moderne Physik tendiert dahin, die Natur als ein Terrain zu betrachten, das weitverstreute Einschlüsse von vorhersagbarer Stabilität inmitten einer größeren Umgebung von unvorhersagbarem Chaos enthält – als einen Bereich also, in dem die Möglichkeiten zur Vorhersage eindeutig begrenzt sind. Das Wetter ist ein gutes Beispiel eines chaotischen Systems, in dem kleine Veränderungen im Anfangsstadium zu großen Unterschieden im Ergebnis führen können. Entwicklungen dieser Art sind auch im menschlichen Leben überall anzutreffen. Sehr geringfügige Unterschiede in der Art und Weise, in der wir agieren oder auf das reagieren, was uns widerfährt, können im Resultat enorme Unterschiede ergeben. Der kleinste Fehltritt kann jemanden dazu bringen, hinzufallen und sich ein Bein zu brechen. Leichte Abweichungen können schwerwiegende Konsequenzen haben. Die kleinste Zeitverschiebung kann uns die Begegnung mit einem Menschen nehmen oder schenken. Die Unvorhersagbarkeit des Chaos zieht sich durch die menschlichen Angelegenheiten hindurch und zeigt, daß das Glück eine bedeutsame Rolle in unserem Leben spielt.

Chaos ist durchaus nicht selten in der Natur – man denke an das Aufzucken eines Blitzes, an das Fallen von Laub oder an die Ausbreitung einer Krankheit. In vielen sozialen Vorgängen begegnen wir Faktoren, die so winzig sind, daß sie vernachlässigbar scheinen, die sich aber in ihrer Auswirkung enorm vergrößern können. Natürlich muß man zwischen

Chaos und Indeterminismus unterscheiden. Ein Prozeß ist indeterministisch, wenn *dieselbe (buchstäblich identische) Gesamtheit von Ausgangsbedingungen* in verschiedene Resultate münden kann. Umgekehrt ist ein Prozeß chaotisch, wenn sehr geringfügige, beobachtbare Unterschiede der *Ausgangsbedingungen* in verschiedene Resultate münden können, und zwar unabhängig davon, wie subtil die Beobachtungen sind, die wir machen. Der zeitliche Verlauf des Zerfalls schwerer Elemente ist ein Beispiel für das erstere Phänomen – das Verfliegen von Zigarettenrauch eines für das letztere. Chaos spielt in der Natur wie im menschlichen Leben eine bedeutsame Rolle – nicht nur auf unseren Straßen und Autobahnen, sondern auf jeder Ebene des menschlichen Interagierens.

Selbst wo die verknüpfenden Gleichungen vollkommen deterministisch sind (und zwar auch in einer Laplaceschen Welt der klassischen Physik), sind Vorhersagen bezüglich chaotischer Systeme aufgrund der physikalischen Unmöglichkeit, präzise Messungen zu erzielen, prinzipiell undenkbar.[4] Dies bedeutet insbesondere, daß kein Modell, das man von einem chaotischen Prozeß erstellen könnte, jemals als Instrument für zuverlässige Vorhersagen verwendbar wäre. Das Wetter ist ein gutes Beispiel für Chaos:

> Weshalb bereitet es den Meteorologen so viele Schwierigkeiten, das Wetter mit einiger Sicherheit vorauszusagen? Weshalb scheint uns das Eintreten von Regengüssen und Stürmen gänzlich vom Zufall abzuhängen, so daß manche Leute es für ganz natürlich halten, um Regen und gutes Wetter zu beten, während doch dieselben Leute es lächerlich finden würden, wenn man eine Sonnenfinsternis durch Gebet herbeiführen wollte? Wir wissen, daß die großen Störungen meistens in denjenigen Gebieten der Atmosphäre entstehen, in denen dieselbe sich in einem unstabilen

Gleichgewicht befindet. Die Meteorologen erkennen wohl, daß das Gleichgewicht unstabil ist und daß irgendwo ein Zyklon entstehen wird; aber wo, das können sie nicht angeben; ein Zehntelgrad mehr oder weniger an irgendeiner Stelle, und der Zyklon bricht nicht hier, sondern dort aus, und seine Verwüstungen treffen Gegenden, die sonst verschont geblieben wären. Wenn man diesen Zehntelgrad gekannt hätte, so wäre das Eintreffen des Sturmes vorauszusehen gewesen, aber die Beobachtungen wurden weder aus angemessener Nähe noch hinreichend genau gemacht, und deshalb macht es den Eindruck, als sei alles dem Zufall überlassen [...].[5]

In chaotischen Systemen kann eine winzige Abweichung im Aufriß, den man vom Ausgangszustand des jeweiligen Systems zeichnet, die Vorhersage zukünftiger Zustände, die man entwirft, gänzlich entstellen.

In der Natur begegnen wir oft dem, was die Mathematiker *exponentielle Instabilität* nennen – ein Phänomen, das dort auftritt, wo eine bestimmte Quantität in festgesetzten Zeitabständen in beträchtlichem Maße schwanken kann: sagen wir, so, daß sich der Bereich der Ungewißheit jeden Tag verdoppelt. Nach zwei Tagen kann die Quantität irgendwo in einem Bereich von Radius 4 liegen, nach drei Tagen im Bereich von Radius 8 und so weiter. Nach einem Monat hat der Bereich der Ungewißheit somit einen Radius von etwa 3300 Millionen. Bei Phänomenen dieser Art kann die kleinste Schwankung theoretisch eine Katastrophe verursachen. Ein kleiner stechender Schmerz kann jemanden zu einem Fehltritt veranlassen, so daß er vor ein heranbrausendes Auto stürzt. Eine kleine Windbö kann darüber entscheiden, ob eine Kugel ihr Ziel trifft oder ob sie es verfehlt. In solchen Dingen können sich unsere Voraussagen unvermeidlich nur auf Wahrschein-

lichkeitsaussagen beschränken. Im Straßenverkehr einen
Unfall zu haben oder einem Verbrechen zum Opfer zu fallen
sind hierfür Beispiele. Da die Komplexität des Phänomens zur
Folge hat, daß wir nicht präzise messen können, welche Bedeutung dem Verbraucherkredit in der heutigen Wirtschaft
zukommt, können wir das Ergebnis einer Politik nicht vorhersehen, die Beschränkungen bei der Vergabe von Krediten
noch weiter lockert, weil diese oftmals auf sehr subtile Weise
von den gerade verfügbaren Krediten abhängen. Das Chaos ist
im menschlichen Leben allgegenwärtig.

Oft maskiert sich das Chaos als Zufall. Selbst in einer kausal
(oder auch theologisch) determinierten Welt können viele
Ereignisse *aus unserer menschlichen Perspektive* angemessen als
»durch Zufall« geschehend angesehen werden, da ihre
Einbettung in die kausale (oder rationale) Struktur jener Welt
jenseits der Reichweite von Beobachtung und Unterscheidung, die wir selbst zu machen imstande sind, liegen wird.
Solche Ereignisse, obwohl an sich *determiniert*, figurieren in
unserem Denken notwendig als Phänomene des Zufalls, weil
ihre *Determinierung* (der Prämisse gemäß) unsere Kräfte übersteigt, so daß keinerlei Planung oder Voraussicht von unserer
Seite, mag sie noch so gewissenhaft sein, irgendeine wirksame
Rolle spielen kann. Daher stellt das Chaos letzten Endes kein
minder ernstes Hindernis für Vorhersagen dar als der wirkliche Zufall, so daß mit ihm ein weiterer Grund für die entscheidende Rolle, die das Glück im menschlichen Leben
spielt, gegeben ist.

Entscheidung

Im allgemeinen werden Systeme, deren Entfaltung sich selbst determiniert – deren modus operandi sich in der Zeit so manifestiert, daß jede Erscheinungsform aus einem sonst unzugänglichen Innern hervorgeht, und zwar auf eine Weise, die in hohem Maße unabhängig von den äußeren Umständen ist, unter denen das System operiert –, so funktionieren, daß sie für den, der sie von außen betrachtet, nicht vollkommen vorhersagbar sind. Das Treffen einer Entscheidung ist ein deutliches Beispiel für dieses Phänomen. Wenn die Absichten eines anderen für mich undurchschaubar sind, kann ich sein Handeln nicht zuverlässig vorhersehen.

Ein wirklicher Mensch zu sein heißt autonom und frei zu handeln. Natürlich bedeutet das nicht notwendig, daß das eigene Handeln nicht vorhersagbar wäre. Wir können vielmehr unser zukünftiges Tun, ja auch das anderer oftmals besser voraussehen als viele andere Dinge. Es gibt einen weiten Spielraum, menschliches Verhalten vorherzusagen.[6] Wenn ich weiß, welche Bücher oder Filme der andere bevorzugt, kann ich getrost vorhersagen, welche Wahl er unter mehreren Alternativen treffen wird – und wahrscheinlich werde ich richtig liegen. Von einer vernünftigen Person können wir mit einiger Sicherheit voraussagen, daß sie sich für jene Dinge entscheiden wird, die unter den gegebenen Umständen vernünftig sind. Mehr noch, es gibt keinen phänomenologischen (beobachtbaren) Unterschied zwischen einer Regelhaftigkeit, die von einem vorprogrammierten Mechanismus, und einer, die von einem frei handelnden Menschen, der sich entschieden hat, einer bestimmten Regel zu folgen, hervorgebracht wird. Aber wie auch immer, der freie Wille eröffnet die Möglichkeit, Vorhersagen zu widerlegen. Wenn ich erfahre, daß jemand vorhersagt, daß ich etwas Bestimmtes tun werde,

kann ich diese Vorhersage von mir aus dadurch widerlegen,
daß ich es nicht tue – auch wenn dies eine Bosheit sein mag.

Aber wie steht es mit dem Gespenst des Fatalismus? Sind
vielleicht all unsere Entscheidungen auf irgendeine Weise vorprogrammiert durch die kausalen Prozesse der Welt? Was ist
dann der freie Wille wert? Insoweit Entscheidungen und Prä-
ferenzen zu den gemeinten Ursachen gehören, entsteht kein
Problem des freien Willens. Nur vorherige Determinierung
durch Ursachen, die nicht willentlicher Natur sind (keine
Form menschlichen Handelns darstellen), würde ein Problem
aufwerfen. Entscheidend ist, daß hier – selbst wenn (wie
Spinoza schreibt) unsere Entscheidungen durch eine Ex-ante-
Kausalität nötig würden – Freiheit in dem Sinne, wie sie für
Verantwortung und Moral von Bedeutung ist, nicht aufgehoben wäre. Freiheit in diesem Sinne muß nämlich von der
Kausalität als solcher nicht *ausgenommen* sein: es muß nur
einen anwendbaren Unterschied geben zwischen einer Kausalität, die keine Form menschlichen Handelns darstellt (sondern durch Faktoren wie dem Trieb, der posthypnotischen
Suggestion und dergleichen ausgelöst ist), und einer solchen,
die menschliches Handeln involviert, das heißt mit Wollen
und Wünschen verzahnt ist. Ein Akt des freien Willens – im
relevanten Sinne – wird *nicht* aufgrund von Ursachen getan,
die auf die eine oder andere einer ganzen Reihe spezifizier-
barer Weisen vom Handelnden unterschieden sind. Er konnte
folglich nicht aus bestimmten »allgemeinen Prinzipien«, das
heißt ohne genaue Kenntnis dieses besonderen Menschen
vorhergesagt werden – ohne ein Wissen von der Art, wie wir
es, wenn überhaupt, im allgemeinen nur sehr schwer erlangen
können.

Es ist nicht so sehr die Möglichkeit, in gewöhnlichen
Fällen auf unvorhersagbare Weise zu entscheiden, die der freie
Wille den Menschen allgemein verschafft, sondern die Mög-
lichkeit, in ungewöhnlichen Fällen so zu entscheiden. Jean

Buridans berühmtes Beispiel trifft die Sache: Es ist denkbar,
daß ein Esel zwischen zwei gleichermaßen verlockenden
Heuballen verhungert, nicht aber ein frei handelnder Mensch.
Oder, um es noch einmal zu sagen, unter bestimmten
Umständen können wir uns dafür »entscheiden«, auf unseren
freien Willen zu verzichten und die Entscheidung einer
Instanz unvorhersagbaren Zufalls, etwa einer geworfenen
Münze, zu überlassen. Was menschliches Handeln unvorhersagbar machen kann, sind weniger die Manifestationen
unseres freien Willens als die Möglichkeit, daß wir freiwillig
und bewußt auf seine Manifestationen verzichten.[7] (Ich kann
meine Entscheidung in diversen Situationen dem Fall einer
geworfenen Münze überlassen.[8]) Doch selbst hier liegt die
Verantwortung für sein Schicksal beim Handelnden selbst.

   Natürlich muß dies, selbst dort, wo handelnde Individuen
sich in unvorhersagbarer Weise verhalten, Vorhersagbarkeit
nicht ausschließen. Denn solange derartige Exzentrizitäten
sich auf der kollektiven Ebene ausgleichen, kann man in statistischen Hochrechnungen im großen Rahmen vollkommen
stabile Resultate erhalten. Individuelle Fälle von Selbstmord
oder Raub kann man vielleicht nicht vorhersehen, wohl aber
ihre statistische Häufigkeit. Daß das individuelle Verhalten
frei handelnder Menschen nicht vorhersagbar ist, spielt im
großen Rahmen keine Rolle mehr. Dennoch ist das freie
Handeln von Menschen zweifellos launisch, und die Resultate
können plausible Vorhersagen auf den Kopf stellen.

   So kommt es, daß die Fähigkeit der Menschen, frei und
eigenmächtig zu entscheiden, zu einer weiteren bedeutsamen
Glücksquelle wird. Denn in jeder Situation, in der das Ergebnis des eigenen Handelns vom unvorhersagbaren Handeln
anderer abhängt, kann man nur von Glück reden (und von
Pech oder Unglück im umgekehrten Fall), wenn die Dinge
zur eigenen Zufriedenheit ausgehen. Als Ford in den Anfängen der Marktforschung, die eine wachsende Nachfrage

nach einem weiteren erschwinglichen Auto feststellte, das
Edsel-Automobil auf den Markt brachte, war der Konzern
nicht unvorsichtig; er hatte einfach nur Pech.

Unwissenheit

Wir leben also in einer Welt, in der Zufall, Chaos und
Entscheidung zusammenwirken – in einer Welt, die aus
diesem Grunde Voraussagen zuinnerst unmöglich macht und
dadurch Raum für das Glück schafft. Doch nicht minder bedeutsam in dieser Hinsicht sind die Grenzen des menschlichen
Wissens, die Unwissenheit. Die Tatsache, daß der Homo
sapiens auch der *Homo ignorans* ist, hat die Unfähigkeit des
Handelnden zur Folge, den Lauf der Dinge, mit dem seine Interessen verknüpft sind, vorherzusehen oder gar zu kontrollieren. Unwissenheit – der Mangel an Informationen – ist also
ein weiteres bedeutsames Hindernis für Voraussagen.

Vielleicht hatte Einstein recht mit seiner Erklärung, daß
Gott nicht würfelt. Im Hinblick auf das Glück ist das ohne
Bedeutung. Für uns hat die Unwissenheit dieselben Folgen
wie der Zufall. Selbst in einer vollkommen determinierten
Welt haben wir Glück, wenn wir durch bloßen Zufall richtig
liegen. Und wir haben Pech, wenn unsere gut durchkal-
kulierten und klug durchgeführten, aber riskanten Unternehmungen ihr Ziel verfehlen. Da wir die Gesetze nicht kennen,
die da jeweils am Werk sind, können wir die Resultate nicht
voraussagen. Und selbst wenn man die Gesetze und die allgemeinen Prinzipien kennt, kann es immer noch sein, daß man
nicht in der Lage ist vorauszusagen, wann die Bedingungen,
unter denen sie wirksam werden, gegeben sind. Wenn ich
nicht weiß, was Sie sagen wollen, kann ich nicht voraussagen,

welche Wörter Sie gebrauchen werden. In jedem Fall – sei es aufgrund mangelnden Verständnisses der wirksamen Gesetze oder aufgrund mangelnder Kenntnis der gegebenen Umstände – erweist sich die Unwissenheit als entscheidendes Hindernis für verläßliche Voraussagen und stellt dadurch eine weitere wesentliche Voraussetzung für das Glück dar.

Ohne daß Sie davon wußten, hat Ihr reicher Onkel seit Jahren vorgehabt, Ihnen zum achtzehnten Geburtstag ein Auto zu schenken. Es ist zweifellos ein glücklicher Tag für Sie, der Sie keinen Grund hatten, dergleichen zu erwarten, auch wenn es das Ergebnis langer Planung war, wovon verschiedene Leute aus der Verwandtschaft wußten. Das Glück wurzelt hier im Mangel an Vorwissen, nicht in wirklicher Unvorhersehbarkeit.

Glück ist keine Macht, kein Faktor, kein Agens irgendwelcher Art. Wir wären schlecht beraten, es zu verdinglichen oder gar zu personifizieren. Glück ist einfach ein Reflex des Lebens. All die zahllosen Dinge, die Voraussagen im Weg stehen – die Unwissenheit, der Zufall, die Entscheidung, das Chaos –, besagen, daß es vieles gibt, was von entscheidender Bedeutung für uns ist, ohne daß wir es antizipieren können. Vieles von dem, was wir tun – vielleicht sogar das meiste –, ist in gewissem Umfang ein Tasten im Dunkeln und ein Streben auf ein Ziel zu, das wir nicht genau kennen. Unter solchen Umständen ins Schwarze zu treffen ist genau das, was Glück bedeutet.

Man kann nicht genug betonen, wie tief das Glück in der Unwissenheit wurzelt. Das Glück beginnt dort, wo Wissen, Vorhersehbarkeit und Verstand uns nicht mehr sicher führen, wobei solche Beschränktheit unvermeidlich ist, wenn man von der Unvollständigkeit und Unvollkommenheit unseres Wissens ausgeht. Und so bleibt – obwohl die Menschen immer versucht haben, den Spielraum der Unvorhersagbarkeit durch den Rückgriff auf Orakel, Astrologen, spirituelle Rat-

geber, erfahrene Berater und dergleichen zu minimieren – die
Tatsache bestehen, daß unsere partielle Unfähigkeit zu Vorhersagen als nicht eliminierbare Gegebenheit des menschlichen Lebens betrachtet werden muß. Die Ohnmacht unserer
Erkenntnis und praktischen Einflußnahme gegenüber der Zukunft ist einfach eine bittere Pille, die wir zu schlucken haben.[9]

Dieser Gedankengang macht klar, daß Glück insoweit, als
es in einer *modifizierbaren* Unwissenheit wurzelt, durch den
Erwerb von Wissen aus dem Spiel gebracht werden kann.
Doch sind die Möglichkeiten solcher Modifikation begrenzt
und unsere Unwissenheit nur begrenzt behebbar. Vieles von
dem, was in Bereichen geschieht, die unsere Bedürfnisse und
Wünsche affizieren, wird immer außerhalb der Reichweite
unseres Wissens und unserer Kontrolle liegen. Wir Menschen
sind Lebewesen mit begrenzten Fähigkeiten, Informationen
zu erlangen, mit ihnen zu arbeiten und sie zu nutzen. Die
Aussicht, daß eine Sache sich zu unserem Vor- oder Nachteil
so abspielen wird, daß wir den Ausgang nicht antizipieren
können, ist allgegenwärtig. Und solange es überraschende
Vorfälle in Bereichen gibt, die unsere Interessen positiv oder
negativ berühren, sind wir dem Glück ausgeliefert.

Besonders offenkundig ist die Rolle des Glücks für das
menschliche Leben im Kontext komplexer gesellschaftlicher
Systeme, in denen viele Individuen interagieren, von denen
jedes seine eigenen idiosynkratischen Ziele und Zwecke hat
und jedes mit seinen eigenen Informationen und Fehlinfor-
mationen ausgestattet ist. Glück ist nicht nur eine Sache des
Zusammenhangs der Dinge, sondern auch der kognitiven
Beziehung, die die Menschen dazu haben.   :

Das Glück gehört notwendig in Situationen persönlichen
Interagierens mit anderen dazu, in denen die zufälligen
Beiträge dieser anderen wesentlich unvorhersehbar sind. Stel-
len wir uns vor, Till trage sich mit dem Gedanken, Julia seine
Liebe zu erklären, obgleich er weiß, wie sie wohl darüber

denken mag. Er hat keinen Anhaltspunkt dafür, wie sie reagieren wird; er könnte nur raten. Die fundamentale Ungewißheit der Situation macht den positiven oder negativen Ausgang zu einer Sache des Glücks oder Unglücks.

Wo in der Natur alles seinen gewohnten Gang geht, spielt das Glück keine Rolle. Stellen wir uns vor, ein tödlicher Virus, gegen den es kein Gegenmittel gibt, breite sich über den ganzen Erdball aus. Unsere Tage sind gezählt; einige Wochen noch, dann wird es auf der Erde kein menschliches Leben mehr geben. Gleichwohl wäre diese Situation, was das Dasein des Menschengeschlechts betrifft, eher als Ungunst des Schicksals denn als Unglück zu beschreiben; denn nichts Zufälliges hat sich hier ereignet.

Man muß zwischen Zufälligkeit, Chaos und Anarchie unterscheiden. Anarchie ist die totale Abwesenheit von Gesetz und Ordnung, während Zufall und Chaos demgegenüber Ordnungen sind, Ordnungen einer irregulären Art. Eine zufällige Folge von Nullen und Einsen kann rein stochastischer (das heißt zufälliger) Natur sein, aber sie ist nicht chaotisch. Sie ist eine lineare Sequenz – eine, die nur aus zwei verschiedenen ganzen Zahlen besteht. Nach allem, was wir wissen, mangelt es der Welt, in der wir leben, nicht an Zufällen und Chaos, sie ist aber nicht anarchisch. Gleichwohl bleibt der Faktor der Unwissenheit bestehen, und von unserem Standpunkt aus ist es gleich, ob es *keine Gesetzmäßigkeiten gibt oder ob wir sie nur einfach nicht kennen.* Jedenfalls kann die Unvorhersagbarkeit, die aus der Anarchie erwächst, auch von Unwissenheit zeugen. Ja, soweit es um Vorhersagen geht, weisen Zufall, Chaos, Anarchie und Unwissenheit alle in dieselbe Richtung: alle bringen sie uns in eine Position, in der rationales Vorhersehen schlicht unmöglich ist.

Nun stellt sich die Frage: Ist es ein Unterschied in bezug auf das Glück, *aus welchem Grund* der Begünstigte von dem Ereignis, das ihn begünstigt, nichts weiß? Im Hinblick auf das

Glück macht es keinen Unterschied, ob das jeweilige Ereignis unter den gegebenen Umständen für den Betroffenen von Natur aus *nicht vorhersagbar* oder nur *nicht vorhergesagt* war. Solange der Erfolg (oder Mißerfolg) sich aus dem Fehlen von Vorwissen ergibt, hat derjenige Glück (oder Pech). Man hat Glück (oder Pech), wenn einem Gutes (oder Schlechtes) in Situationen begegnet, die das Element der Überraschung beinhalten. Wo immer es eine Unwissenheit gibt – aus welchem Grund auch immer –, wird ein guter Ausgang Zufall sein. Wenn man nicht weiß, wie viele Menschen im Nebenraum sind, ist die richtige Antwort ein purer Zufall.

Welchen Raum hat das Glück, wenn »nichts dem Zufall überlassen« wird? Stellen wir uns vor, die Welt sei das Produkt des Wirkens eines gütigen, allwissenden und allmächtigen Schöpfers – oder, wenn Ihnen das lieber ist, einer alles determinierenden Notwendigkeit. Welchen Raum würde eine solche Situation in der Ordnung der Dinge für das Glück lassen?

Das Glück hat keinen Platz in den Angelegenheiten eines allwissenden Wesens, das den Ausgang aller Dinge *kennt,* oder eines allmächtigen Wesens, das ihn *unter Kontrolle hat.* Glück ist an Unfähigkeit gebunden; wo diese fehlt, ist kein Ansatzpunkt für das Glück. Aus dem menschlichen Blickwinkel sieht die Sache ganz anders aus.

Selbst in einer determinierten Welt, in der alles und jedes durch umfassende Vorprogrammierung der Dinge von vornherein bestimmt ist, kann man doch jene positiven und negativen Dinge, die den Menschen zuteil werden, obwohl sie außerhalb der Reichweite ihres Wissens und ihrer Kontrolle liegen, zutreffend als Glück oder Unglück bezeichnen. Allem ontologischen Determinismus zum Trotz würden solche unerwarteten Gewinne und Verluste in unserem Denken dennoch als Glück oder Unglück für *uns* figurieren, weil wir unfähig sind, all die zukünftigen Ereignisse vorherzusehen. Der entscheidende Faktor, der die Möglichkeit von Glück schafft, ist der Mangel an Vorhersehbarkeit, unabhängig davon, ob er objektiv im Zufall oder subjektiv in unvollkommener Informiertheit wurzelt. Glück ist in gleichem Maße mit kognitiven und physischen Grenzen verbunden.

Der springende Punkt ist, daß selbst in einer Welt, in der alles im voraus geplant und auf irgendeine Weise im voraus angeordnet ist, viel Spielraum für das Glück bleibt: im Hinblick auf die unvollkommenen handelnden Wesen, die eine solche Welt bevölkern, auf die handelnden Wesen, denen die Unwissenheit genauso viel Raum für das Glück schafft, wie der reine Zufall ihn schaffen würde. Dies offenbart den engen Zusammenhang von Glück und Endlichkeit.

Die Unfähigkeit, den Ausgang einer Sache, mit dem die eigenen Interessen verbunden sind, im voraus zu kennen (und dadurch natürlich auch unter Kontrolle zu halten), ist entscheidend für das Glück. Diese Unfähigkeit kann eine praktische (Unwissenheit, Mangel an Informationen), aber auch eine prinzipielle (echte Unvorhersagbarkeit) sein. Die Unwissenheit macht es unmöglich vorherzusagen, wie viele Leute morgen beschließen werden, Aktien zu verkaufen, während es prinzipielle Gründe sind (»Chaos«), die verhindern vorherzusagen, welches Pferd das morgige Rennen gewinnen wird. In jedem Fall aber wird es reine Glückssache sein, wenn ich wette und gewinne. Welcher Weg genau zu jener Unfähigkeit, Vorhersagen zu treffen, führt, ist ohne Bedeutung. Der Ausgang der Dinge ist zufällig so oder so. Angenommen, Sie spielen Roulette und setzen auf Rot. Das Rad ist manipuliert, so daß es – ohne daß Sie darum wissen! – im voraus bestimmt ist, daß Rot kommen wird. Wenn die Kugel in ein rotes Fach fällt, haben Sie gleichwohl Glück gehabt. Denn Sie wußten nicht – und konnten (unter besagten Umständen) auch nicht wissen –, daß es so kommen würde. Die Bedingungen, die das Glück definieren, sind sämtlich gegeben: sofern man nämlich sieht, daß wir es hier mit einem günstigen Ergebnis zu tun haben, das vom betroffenen Individuum nicht vorhergesehen werden konnte. Wobei das glückliche Ereignis natürlich die Tatsache war, daß Sie auf Rot gesetzt haben – nicht das Fallen der Kugel in ein Fach dieser Farbe.

Wie die Unvorhersagbarkeit sich verzweigt

Unsere Fähigkeit, Entwicklungen vorherzusehen, wird immer dann vor Probleme gestellt, wenn die Sache in sensibler Weise voraussetzt, daß kausale Faktoren in Rechnung gestellt werden, die selbst wieder andere, gleichermaßen sensible Faktoren zur Voraussetzung haben. Wie etwa in der folgenden Frage: Werden die Lebensmittelvorräte der Erde im Jahre 3000 groß genug sein? Hier eine vernünftige Voraussage zu treffen setzt voraus, daß eine ganze Menge von Parametern bedacht werden: *Bevölkerungszahl* (Wachstumsraten, Aufkommen neuer Krankheiten, Kriege), *landwirtschaftliche Produktion* (Klima, Verfahren der Bodenerhaltung), *Verfügbarkeit tierischer Nahrung* (Meeres- und Landorganismen), *Lebensumstände* (Lebensqualität, Kriminalität, Umweltverschmutzung, wirtschaftliche Bedingungen, Arbeitsplätze und so weiter). Es ist evident, daß jeder dieser Punkte weitere komplizierte (und manchmal unwägbare) Faktoren zur Voraussetzung haben wird: ein jeder von ihnen wird von weiteren Einschätzungen abhängen, die ebenfalls mit einer beträchtlichen Unvorhersagbarkeit verbunden sind. (Und es wird noch schwieriger, da es nämlich bei jedem solchen Punkt des Systems durch zyklische Rückkopplung zu Querverbindungen kommt.) Das Problem der Vorhersage verzweigt sich in immer neue.

Betrachten wir ein weiteres Beispiel für eine derartige Explosion der Parameter. Um die Nachfrage nach Gebrauchsgütern vorherzusagen, muß man den allgemeinen Zustand der Wirtschaft mit besonderem Hinblick auf das Verbraucherkreditwesen und den Arbeitsmarkt berücksichtigen, aber auch demographische Daten, die technologische Innovation, den Wechsel der Mode und eine Unzahl anderer Faktoren. Und jeder dieser Faktoren wird wiederum selbst von anderen komplizierten, der Vorhersage oftmals widersprechenden Faktoren abhängen. Wo wir glaubten, eine einzige schwierige Vorhersage treffen zu müssen, sehen wir, daß die Sache sich in zahlreiche andere geteilt hat, von denen jede sich wieder in diverse weitere teilt, die allesamt ihre eigenen Probleme und Schwierigkeiten haben und zum großen Teil auf Gebieten liegen, die von dem ersten weit entfernt sind. In solchen Fällen erweist es sich als schwierig bis unmöglich, mit dem Ausarbeiten der Prognose befriedigend voranzukommen. Es zeigt sich, daß Dinge dieser Art mit ihrer Vielzahl von Parametern völlig außerhalb unserer prognostischen Reichweite liegen können, weil sie uns mit einer Art Massenkarambolage der Irrtümer konfrontieren, wenn eine unvollkommene Schätzung sich immer wieder mit einer weiteren verbindet.

Dies führt uns auf ein ominöses Faktum. Wenn die Unvorhersagbarkeit einmal besteht, aus welchem Grunde auch immer – Zufall, Entscheidung, Ungewißheit –, verzweigt sie sich über ein immer größer werdendes Gebiet immer weiter. Denn die Prozesse der Welt konstituieren ein Gewebe, in dem die einzelnen Phänomene nach allen Seiten durch Ursache und Wirkung miteinander verbunden sind, ein Gewebe, in dem all jene unvorhersagbaren Geschehnisse wiederum weitere, somit notwendig selbst unvorhersagbare Kausalfolgen hervorbringen, ein Umstand, der die oben angesprochene, in Zufall, Entscheidung und dergleichen wurzelnde Unvorhersagbarkeit potenziert. Das führt dazu, daß sich die Unvorhersagbarkeit, wenn sie einmal Fuß gefaßt hat, wie ein Lauffeuer ausbreiten kann.

Aus Gründen dieser Art müssen wir, wohin wir auch blicken, erkennen, daß Vorhersagen stets unzulänglich bleiben. Daher haben wir, wenn sich die Resultate unseres Tuns in so komplexen Angelegenheiten schließlich als »ganz nach Plan« erweisen – sei es im individuellen, sei es im gesellschaftlichen Rahmen etwa beim Anlegen des eigenen Geldes oder in der staatlichen Wirtschaftspolitik –, allen Grund, uns zu unserem Glück zu gratulieren.

Falsche Voraussagen:
Was Voraussagen verderben kann

Glück bedarf der Unvorhersehbarkeit. Es ist zu betonen, daß all die unterschiedlichen Dinge, die Voraussagen im Weg stehen, sich auf sehr verschiedene Weise manifestieren können – nicht nur so, daß sie vernünftige Voraussagen gänzlich *verhindern,* sondern auch so, daß sie sie *verderben.* Voraussagen, die sonst sehr gut und sachgemäß sind, können fehlgehen, wenn sie mit einer unerwarteten Katastrophe konfrontiert werden. Wir sagen zum Beispiel voraus, daß Frank bald hier sein wird – schließlich sehen wir ihn in der Ferne die Straße entlangkommen. Doch plötzlich wird er von einem Wagen erfaßt, der außer Kontrolle geraten ist. Hier macht der Zufall eine vernünftige Voraussage zunichte. Auch Unwissenheit kann zu einem Faktor werden, der Voraussagen verdirbt.

Kurzum, alle Faktoren, die Voraussagen als Hindernisse im Weg stehen, können auf anderer Ebene zu falschen Voraussagen führen, indem sie an sich vernünftige Erwartungen enttäuschen. Richtige Voraussagen zu treffen steht nicht in der Macht menschlicher Schwäche, etwa der Vorliebe oder des Wunschdenkens. Wir sind in Umstände eingebettet, die es generell schwer und oftmals *prinzipiell* unmöglich machen, Voraussagen zu treffen, und die dadurch Breschen für die verschiedenen Formen von Überraschungen schlagen, die zum Glück gehören.

Es hat somit den Anschein, daß die Hindernisse, die richtigen Voraussagen im Wege stehen, so mannigfaltig und so weitreichend sind, daß man wie im Falle des tanzenden Hundes von Dr. Johnson sagen könnte, überraschend sei nicht erst, daß es möglich ist, es gut zu machen, sondern schon, daß es möglich ist, es überhaupt zu machen. Wie Rousseau weise bemerkt, ist die Fähigkeit vorauszusehen, daß manches nicht vorausgesehen werden könne, eine überaus notwendige Fähigkeit. Freilich sind auch evolutionstheoretische Überlegungen zu berücksichtigen. Die Fähigkeit des Menschen, Voraussagen zu treffen, mag begrenzt sein, sie ist aber nicht nichtig – und kann es unter den gegebenen Umständen auch nicht sein. Es ist in keiner Weise plausibel anzunehmen, daß Geschöpfe, deren Handeln vom bloßen Glauben gelenkt wäre, mit Glück allein ihren Weg in einer komplexen und oftmals feindlichen Umwelt erfolgreich gehen könnten.

Ob zu unserem Vor- oder Nachteil, das Glück tritt immer dann in Kraft, wenn Vorhersagbarkeit uns im Stich läßt. Wobei die Grenzen der Vorhersagbarkeit sowohl von objektiven als auch von subjektiven Faktoren gesetzt werden – es gibt sie sowohl in der Natur der Welt als auch in der Natur derer, die in dieser Welt leben und präzise Voraussagen treffen möchten. Auf der objektiven Seite haben wir die drei Formen der Kontingenz: den Zufall, das Chaos und die Entscheidung. Auf der subjektiven Seite haben wir die Formen unserer kognitiven Unvollkommenheit, insbesondere die Unwissenheit, den Irrtum, das Wunschdenken und die Fehlinformation. Gemeinsam bringen diese beiden Arten von Beschränkung die Unvorhersagbarkeit hervor, die dem Glück wesentlich ist.

Dingen, bei denen der Zufall und das Glück eine Rolle

spielen, ist oft die Macht beigelegt worden, Aufschluß über die Zukunft geben zu können. Spiele etwa, die mit dem Zufall arbeiten – mit Würfeln, Murmeln oder Karten –, hatten ihren Ursprung in dem Bemühen, Omina zu erhalten, die die Macht hätten, Zukünftiges vorherzusagen: Sie wurden als (die Zukunft enthüllende) Informationsquellen angesehen, ehe sie bloße Vergnügungen zum Zeitvertreib wurden. Aber natürlich ist diese Verkopplung von Glück und Schicksal reiner Aberglaube. Soweit bei Dingen wirklicher Zufall eine Rolle spielt, kann dies nicht mit einem Einblick in die Zukunft verbunden sein. Zufall ist niemals mehr als das – nämlich bloßer Zufall – und kann als solcher nicht mit der Stimme der Vorsehung sprechen.

Es liegt in ihrem Begriff, daß eine Glückssache sich dem Bemühen, ihr Aufschluß über die Zukunft zu entnehmen, widersetzt. Es gibt zwar Umstände, unter denen man mit Recht zu sich sagen kann: »Wenn ich das tue, dann *kann* ich Glück haben« – etwa bei Pferderennen. Es gibt aber keinen Umstand, wo man mit Recht zu sich sagen kann: »Wenn ich das tue, dann *werde* ich Glück haben«. Wäre in einer solchen Sache eine sichere Prognose möglich, so wäre sie nicht als Glückssache zu bezeichnen.

Glück und menschliche Endlichkeit

Wo zu Unrecht von Glück oder Unglück gesprochen wird, kann solche Rede auf verschiedene, leicht klassifizierbare Weise widerlegt werden. Damit das Resultat eines Prozesses auf Glück beruht, müssen zweierlei Bedingungen erfüllt sein: (1) daß es überhaupt *von Bedeutung* ist, also unser Interesse oder unsere Anteilnahme besitzt, und (2) daß es *zu-*

fälliger Natur ist und ihm das Moment der Unvorhersehbarkeit zukommt. Wo zu Unrecht von Glück gesprochen wird, kann solche Rede im Rekurs auf diese beiden Punkte widerlegt werden; entweder weil das Resultat gleichgültig ist oder weil es zwar von wesentlicher Bedeutung für uns ist, aber vorhersagbar war. Es kann durch Anstrengung, Können, Planung und dergleichen gewissenhaft herbeigeführt worden sein oder durch andere Faktoren (menschlicher oder natürlicher Herkunft), die wir hätten antizipieren können und sollen.

Stellen wir uns vor, jemand würde sagen: »Wir spielen jetzt ein Spiel, bei dem du eine Zahl nach bestimmten Regeln transformierst. Wenn du am Ende wieder die Ausgangszahl erhältst, gebe ich dir diese Summe Geld.« Diese Abmachung ist mit den folgenden Anweisungen spezifiziert:

1. Denk dir eine Zahl (egal welche).
2. Multipliziere sie mit sich selbst.
3. Addiere 1.
4. Dividiere das Ergebnis durch 2.

Angenommen, Sie haben jetzt Ihre Ausgangszahl wiedererhalten: Wurde dieses Ergebnis durch Glück oder durch Zufall herbeigeführt? Natürlich durch Zufall. Es wäre nicht so gekommen und hätte gar nicht so kommen können, wenn Ihre Ausgangszahl nicht Eins gewesen wäre.[10] Der Zufall ist hier der entscheidende Faktor.

Betrachten wir demgegenüber folgende Anweisungen:

1. Denk dir eine Zahl (egal welche).
2. Multipliziere sie mit sich selbst.
3. Addiere 1 zur Ausgangszahl.
4. Multipliziere das Ergebnis mit sich selbst.
5. Subtrahiere das Ergebnis von Schritt 2 vom Ergebnis von Schritt 4.

6. Subtrahiere 1 vom Ergebnis.
7. Dividiere das Ergebnis durch 2.

Angenommen, auch hier ist das Ergebnis wieder die Ausgangszahl. Diesmal ist es kein Produkt des Zufalls, sondern eines der
Notwendigkeit. Es wäre immer so gekommen, egal welche Ausgangszahl Sie gewählt haben.[11] Mit Zufall hat dies nichts zu tun.
    Somit spielt offensichtlich im zweiten Fall das Glück keine
Rolle. Freilich sind die Phänomene ein bißchen trügerisch:
Wenn Sie die zweite Version unwissend spielen, glauben Sie,
auch hier Glück zu haben, weil Sie zu Beginn nicht wußten,
um welches Procedere es sich handelt. Wer darauf wettet, daß
die Karte, die von einem ihm unbekannten Stapel gezogen
wird, eine rote sein wird, der hat auch dann Glück, wenn
vorher alle schwarzen Karten aus dem Stapel entfernt wurden. Auch wenn das Ergebnis unvermeidlich und somit in
keiner Weise zufällig ist, war es doch reiner Zufall, daß der
Wettende sich für die unter den gegebenen Umständen
richtige Farbe entschied. Das Glück bedarf des Elements der
Unvorhersagbarkeit; diese aber kann selbst in Situationen
gegeben sein, in denen das Ergebnis an sich nicht zufällig ist –
dann nämlich, wenn der Zufall durch die Hintertür der
Unwissenheit hereinkommt.
    Natürlich fehlen häufig die Faktoren, die das Glück
ausschalten könnten. Wir leben in einer Welt, deren Geschehn-
nisse sich oft außerhalb der Reichweite unserer produktiven
oder prognostischen Fähigkeiten befinden – in einer Welt,
deren komplexe und kapriziöse modi operandi die Zukunft
unserem Einblick entziehen. Unsere Ziele und Zwecke,
unsere ausgeklügelten Pläne und auch unser Leben selbst sind
dem Zufall und der unbeeinflußbaren Kontingenz ausgeliefert.
    Glück setzt Unvermögen voraus – die Grenzen des Men-
schen. Wenn wir wüßten, was geschehen wird – entweder
durch die Fähigkeit, die Zukunft vorauszusagen, oder durch

wirkliche Herrschaft über unser eigenes Schicksal –, dann wäre für das Glück kein Raum. Der Angelpunkt des Glücks ist die allgegenwärtige Möglichkeit, daß schicksalhafte Dinge geschehen können, ohne daß wir damit rechnen. Letztlich sind nicht die drei Formen der Kontingenz, sondern ist dieser Mangel die entscheidende Möglichkeitsbedingung für das Glück. Wie Hegel sagt, ist es das Ziel der Wissenschaft, den Spielraum des Zufalls zu verringern.[12] Aber wir kommen nur bis dahin.[13]

Dieser Umstand unserer Endlichkeit ist einer der grundlegendsten Züge der conditio humana: die Tatsache, daß wir Geschöpfe mit Grenzen sind, die nur eine ausgesprochen begrenzte kognitive und praktische Kontrolle über ihr Schicksal und über ihre Zukunft haben, Geschöpfe, die Entwicklungen vollständig ausgeliefert sind, die sich großenteils nicht nur außerhalb der Kontrolle, sondern auch jenseits des Wissens und sogar der vernünftigen Erwartung abspielen.

Zwei Arten von Unfähigkeit hindern uns daran, die Kontrolle über unser Leben zu haben: die Grenzen des Wissens und die Grenzen der Macht. (Beide hängen eng miteinander zusammen: Macht ist nutzlos ohne Wissen, und Wissen ist selbst eine Form von Macht.) Insofern wir diese Kontrolle nicht haben (weder im Handeln noch im Denken), können wir die Resultate von Vorgängen nicht vorhersehen. Und insoweit dies der Fall ist – die Ergebnisse unseres Tuns nicht notwendig unseren Absichten entsprechen –, fällt erfolgreiches Handeln in die Sphäre des Glücks. Der letzte Grund dafür, daß das Glück nicht aus der Sphäre der menschlichen Bemühungen verbannt werden kann, liegt in der Unvollkommenheit – und Unvollendbarkeit, wenn man von der Bedeutung ausgeht, die dem Zufall und dem Chaos in der Natur zukommen – unseres Vermögens, Dinge vorherzusehen und vorherzusagen. Was wir nicht vorhersehen können, darüber haben wir keine Kontrolle, und wo wir diese

nicht haben, müssen wir uns in gewisser Hinsicht auf das
Glück verlassen.

Hoffnung und Sorge spielen in unserem Leben daher eine
wichtige Rolle. Wir spielen unsere Karten so gut aus, wie wir
können, das Ergebnis aber hängt davon ab, was die anderen
Spieler im System tun – ganz gleich, ob es sich um menschliches Handeln oder um Vorgänge in der Natur handelt. Wir
sind in vielerlei Hinsicht unfähig, die Dinge unter Kontrolle
zu halten, die uns begegnen. Wir machen Vorschläge – die
Entscheidung liegt bei der Natur, bei den Umständen und
beim Tun anderer, bei Dingen, die sich auf eine Art und Weise
entfalten, über die wir wenig oder gar keine Macht haben. Das
Glück ist darum einer der entscheidenden Faktoren, die die
conditio humana bestimmen. Immer wenn sich unvorhersehbare und somit unkontrollierbare Entwicklungen auf unser
Wohlbefinden auswirken, sind wir eben dadurch in dem Netz
gefangen, das das Glück über den gesamten Bereich menschlicher Angelegenheiten breitet.

3. Die Facetten des Glücks

Erscheinungsformen des Glücks

Glück im Spiel, Pech in der Liebe«, sagt ein Sprichwort.[1] Glück zeigt sich in vielen Zusammenhängen; es gibt zahllose Möglichkeiten, Glück oder Pech zu haben. Aber die meisten lassen sich unter wenige bestimmbare Typen subsumieren.

Zunächst ist es notwendig, zwischen Glück im engeren und Glück im weiteren Sinn, das auch das Los und die Gunst und Ungunst des Schicksals einschließt[2], zu unterscheiden. Das Los sind natürliche, angeborene Vor- und Nachteile (etwa das Erbe eines großen Vermögens oder die verschiedenen Anlagen). Die Ausstattung, mit der man geboren wird – vor allem das Talent und die eigenen Begabungen und Fähigkeiten – kennzeichnen das Los, sei es vorteilhaft oder nicht. Die Schicksalsgunst kennzeichnet die entstandenen und erworbenen Vorzüge oder Nachteile, die der eigenen Bemühung oder den äußeren Umständen zuzuschreiben sind. Die Verhältnisse und Bedingungen, die es einem ermöglichen, die eigenen Fähigkeiten zu entfalten – oder die diese behindern –, gehören zum Schicksal. Los und Schicksal stellen sozusagen den Plan der Welt für uns auf; sie bestimmen, wer wir sind und in welchen Zusammenhängen wir leben.

Los und Schicksal behandeln uns offenkundig nicht gleich. Die einen verschlägt es an einen Ort, der zum Kriegsgebiet wird, die anderen besitzen eine von Ruhe und Frieden erfüllte Heimat. Manche leben am falschen Ort, andere zur falschen

Zeit. Ein unfreundliches Los oder ein hinderliches Schicksal können in Friedenszeiten einen zweiten Marlborough oder Napoleon unentdeckt dahinleben lassen. Es geht hier um persönliche Anlagen und durch die Umstände bedingte Gelegenheiten.

Glück im eigentlichen Sinn ist etwas anderes. Seine Domäne beginnt, wo die von Los und Schicksal endet. Es bezieht sich auf das Gute und Schlechte, das der bloße Zufall uns über den Weg laufen läßt, unabhängig von Umständen und unserem eigenen Bemühen. Glück zeigt sich nämlich dort, wo im Leben nicht die Regel, sondern die Ausnahme der Fall ist, es bezieht sich auf die Dinge, die uns innerhalb des Kontextes von Los und Schicksal zufällig begegnen. Los und Schicksal bestimmen die Spielregeln für uns; das Glück sorgt für die Ausnahmefälle.

Glück tritt in vielen verschiedenen Formen auf. Schon die wichtigsten und charakteristischen bilden eine lange Liste. Da heißt es unter anderem: *unverhoffter Gewinn oder Verlust* (auf einen Schatz stoßen; das eigene Haus durch eine Bombe verlieren), *Gelegenheiten, die einem unvorhersehbarerweise entgehen oder zuteil werden* (eine günstige Investitionsgelegenheit verpassen; sich eine Krankheit zuziehen, gegen die gerade ein Heilmittel entdeckt wurde), *Unfälle* (umknicken; ein Autounfall), *einem Mißgeschick um Haaresbreite entgehen oder ihm durch puren Zufall zum Opfer fallen* (aufgrund einer Eingebung kurz vor einem Börsenkrach Aktien verkaufen; das Opfer einer Gewalttat werden; am Tag einer Preisverleihung eine Erkältung bekommen), *Koinzidenzen* – zufällig zur richtigen oder falschen Zeit am richtigen oder falschen Ort sein (am Vorabend einer Wirtschaftskrise zum Präsidenten gewählt werden; in einem Restaurant an dem Abend speisen, an dem die Suppe versalzen ist; an einem normalerweise sicheren Ort vom Blitz getroffen werden), *Zufallsbegegnungen* (einen Agenten kennenlernen, der für das weitere Leben von Bedeutung ist; ein Telegramm von einem Menschen überreicht bekommen, der sich als die große Liebe herausstellt; gerade in dem Augenblick einchecken, in dem die Fluggesellschaft einen Passagier in die erste Klasse versetzen muß), *folgenreiche Verwechslungen* (von einem Attentäter verwundet werden, der einen mit einem anderen verwechselt; irrtümlich eine Gratifikation erhalten), *willkommene Abweichungen vom Normalen* (die verlorene Brieftasche ungeplündert zurückerhalten; sich unklug verhalten, aber keinen Schaden erleiden; eine Regel mißachten und doch ungestraft davonkommen). Zum Glück gehört also eine ausgedehnte Taxonomie, die es verdient, näher betrachtet zu werden.

Ein unverhoffter Gewinn ist eine besonders offenkundige Form von Glück. Plötzlich, unerwartet und ungebeten, wie eine Gabe der Götter, wird einem eine größere Wohltat zuteil. Überrascht durch die enthusiastische Rezeption von *Childe Harold*, hat Byron gesagt: »Ich erwachte eines Morgens und stellte fest, daß ich berühmt war.« Solche unerwarteten Umwälzungen sind kennzeichnend für das, worum es beim Glück geht. Doch gibt es nicht nur unverhoffte Gewinne, sondern auch unerwartete Verluste, die durch unvorhergesehene Entwicklungen entstehen können – etwa wenn die Erklärung, mit der man eine Versicherung verlängert hat, am Vorabend eines Brandes in der Post verlorengeht. Schließlich kann alles, was das Glück uns geben mag, das Unglück uns wieder nehmen.

Unvorhersehbare Gelegenheiten stellen eine weitere Haupterscheinungsform des Glücks dar. Wer einen Artikel anzubieten hat, für den zufällige Umstände einen Markt schaffen, kann als Glückspilz betrachtet werden. Die Hausbesitzerin aber, deren Nachbar gerade zu der Zeit mit dem Schlagzeugspielen begann, als sie ihr Haus verkaufen wollte, hatte Pech.

Unfälle sind eine der gewöhnlichsten und vertrautesten Formen des Unglücks und kommen in endloser Vielfalt vor.

Einige Erscheinungsformen sind trivial – sich beim Rasieren schneiden oder sich die Krawatte mit Suppe bekleckern. Andere aber können sich als fatal erweisen. In den Vereinigten Staaten fallen jedes Jahr Hunderte von Arbeitnehmern Arbeitsunfällen und an jedem Wochenende mehr als dreihundert Menschen Verkehrsunfällen zum Opfer. Aber während wir – mehr oder weniger per definitionem – Unfälle nicht in der Hand haben, können wir doch Unfall*risiken* ausschließen (indem man zum Beispiel nicht übermüdet Auto fährt). Die Menschen sind manchmal unfallanfällig, so daß sie Unfälle durch Unaufmerksamkeit, Sorglosigkeit und Unvermögen geradezu heraufbeschwören. Die Wahrscheinlichkeit eines Unfalls ist bei manchen Leuten so groß, daß man sie als vom Schicksal geschlagen und nicht als unglücklich bezeichnen sollte. Aber wie dem auch sei, Tatsache bleibt, daß wir in einer Welt leben, in der nur allzuoft Dinge ungeachtet berechtigter Erwartungen schiefgehen.

Einem Mißgeschick um Haaresbreite entgehen heißt, daß ein Unglück beinah geschehen wäre, aber glücklicherweise doch nicht geschehen ist. Ein Mensch hat in diesem Sinne Glück, wenn er durch ein zufälliges Ereignis vor einem Unglück bewahrt wird. Der Reisende, der das Gebiet zufällig vor einem Erdbeben verläßt, oder das potentielle Opfer, das einem Anschlag entgeht, weil der Attentäter den Bus verpaßt hat, sind Beispiele hierfür. Fälle solchen glücklichen Entkommens sind alltäglich, doch sind einige dramatischer als andere. Colonel Frederick D. Grant, der älteste Sohn des amerikanischen Präsidenten, diente General George A. Custer, dem Befehlshaber über das Siebte Kavallerieregiment, als Adjutant, war aber zufälligerweise gerade nicht dabei, als seine Einheit von Häuptling Crazy Horse und den Sioux-Indianern in einer Schlucht nahe dem Little Bighorn River in Montana aus dem Hinterhalt angegriffen und vollständig umgebracht wurde. Einen oder zwei Tage bevor das Siebte Kavallerieregiment zum Angriff ausritt, hatte Grant Sonderurlaub bekommen, um bei der Geburt seines ersten Kindes zu Hause zu sein. Das rettete ihm das Leben.[3]

Diejenigen, die einem Unheil um Haaresbreite entkommen sind, haben Glück gehabt; andere, die ihm um mehr als Haaresbreite entgehen, die nie in Gefahr waren, ihm zum Opfer zu fallen, sind vom Schicksal begünstigt. Wer zu spät gekommen war, als die Hindenburg zu ihrer Atlantiküberfahrt ablegte, der hat Glück gehabt. Wem die Idee einer Schiffsreise nie in den Kopf kam, der war in dieser speziellen Hinsicht vom Schicksal begünstigt.

Einem Mißgeschick durch puren Zufall zum Opfer fallen, ist in gewissem Sinn das Gegenteil davon, ihm um Haaresbreite zu entgehen. Dieses Unglück trifft den Menschen, der den Motor seines Autos in dem Moment abwürgt, als er noch vor dem heranbrausenden 12.16-Uhr–Express die Eisenbahngleise überqueren will. Das Opfer bei einem Tornado zu werden, ist auch ein schlagendes Beispiel.[4] Geschehnisse dieser Art mit katastrophalen Folgen gehören zu den schrecklichsten und peinlichsten Formen von Unglück.

Koinzidenz – zufällig zur richtigen oder falschen Zeit am richtigen oder falschen Ort zu sein – ist eine besonders bemerkenswerte Form von Glück. Für Kapitän E. J. Smith, der kurz vor seiner Pensionierung das Kommando der »unsinkbaren« Titanic für ihre Jungfernfahrt übernahm, um so seine Laufbahn mit ihrem Höhepunkt zu beenden, war dieser Entschluß fatal. Vergleichbar ist das Unglück eines Menschen, der in dem Augenblick unter einer Brücke hindurchgeht, wenn sich von ihr ein Eiszapfen löst. Beim Glück kommt alles auf die Zeit an.

Zufällige Begegnungen fallen eigentlich unter Koinzidenzen, aber sie verdienen es, als gesonderte Kategorie aufgeführt zu werden. Auf einer Party, zu der man zufällig mitgenommen wurde, seinen zukünftigen Lebenspartner kennenzulernen

oder eine Bekanntschaft zu machen, die zu einem profitablen
Geschäftsabschluß führt, bezeichnet man als Glück. Aber der
Einbrecher, der von dem Besitzer überrascht wird, der gut be-
waffnet von der Jagd heimkehrt, hat Pech. Folgendes Beispiel
einer glücklichen Zufallsbegegnung erzählt ein Moralist des
neunzehnten Jahrhunderts:

> Ein Dorfapotheker besuchte gerade die Staatsappartе-
> ments im Pavillon [in Brighton], als [König] Georg IV.
> einen Anfall erlitt. Er ließ ihn zur Ader, brachte ihn
> wieder zu Bewußtsein und schließlich sogar, mit seinem
> anregenden und drolligen Humor, zum Lachen. Der
> Monarch faßte eine Neigung zu ihm, machte ihn zu sei-
> nem Leibarzt und verhalf ihm so zu seinem Glück.[5]

Der Autor fährt mit der Bemerkung fort: »Voraussichtlich erreicht kein Mensch sein bestes Alter, ohne daß sich ihm zwei
oder drei solcher Chancen geboten hätten.« Dies mag etwas
optimistisch sein, doch ist es eine Tatsache, daß zufällige Begegnungen eine der Hauptformen darstellen, in denen das
Glück unser Leben beeinflußt.

Verwechslungen sind eine weitere Quelle von Glück und
Unglück. Wem versehentlich eine Wohltat zuteil wird, die
einem anderen zugedacht war (man denke an Isaak und Esau),
der hat Glück.

Oft sind Abweichungen vom Normalen der Ansatzpunkt
für das Glück. Wer wie Rasputin eine tödliche Dosis Gift
überlebt, ist ein Beispiel dieser Form. Das Glück, um das es
hier geht, bestimmt sich vor dem Hintergrund dessen, was
normalerweise zu erwarten ist. (Entsprechende Dosen Strych-
nin etwa pflegen Menschen umzubringen.) Im Falle einer
glücklichen Ausnahme bewahrt einen ein großzügiges Schicksal vor den widrigen Konsequenzen einer Handlung oder
Unterlassung, die gewöhnlich ins Unglück führt. Eine Frau,

die einen Mann heiratet, der trinkt, der aber mit ihrer Hilfe vom Alkohol loskommt, hat viel Glück, da die Aussichten auf Erfolg sehr schlecht waren. Glückliche Ausnahmen dieser Art sind eng verwandt mit dem Entkommen um Haaresbreite.

Wenn wir gegen Regeln der Klugheit, der Logik, der Strategie oder anderer Art verstoßen und unser Vorhaben *dennoch gelingt*, können wir uns im allgemeinen glücklich nennen. Gegen Regeln zu verstoßen und ungestraft davonzukommen ist eine der vorherrschenden Formen des Glücks im menschlichen Dasein. Den natürlichen Folgen des eigenen Handelns enthoben zu sein bedeutet Glück. In anarchischen Situationen – in denen Regeln nur existieren, »um übertreten zu werden« – gibt es also keinen Raum für dieses spezielle Glück.

Es gibt natürlich auch unglückliche Ausnahmen, wenn Dinge zufällig und wider Erwarten schiefgehen. Handlungen, die unbeabsichtigte und unvorhersehbare negative Folgen haben, fallen in diese Kategorie. Unglücklich ist auch derjenige zu nennen, der immer verantwortungsvoll und vorsichtig handelt, aber dennoch erfahren muß, daß etwas mißlingt.

Die Wirklichkeit sieht oft so aus, daß ein Mensch mit bescheidener Begabung es besser treffen kann als einer, der vom Schicksal großzügiger bedacht worden ist. Gelegenheiten, zum richtigen Zeitpunkt ergriffen, führen zum Erfolg. Aber der Mensch, der die Chancen verpaßt, die sich ihm zufällig ergeben, der mit den Gaben des Zufalls verschwenderisch umgeht, ist beklagenswert.

Die Beziehung zwischen Glück und Kontrolle ist kompliziert. Für ein Geschehen verantwortlich zu sein, schließt Glück noch nicht aus. Auch Absicht schaltet Glück nicht aus. Wenn es reiner Zufall war, daß Sie etwas machten, was eine Katastrophe abwendete, dann hatten Sie gleichwohl Glück. Nur sachgemäßes und effektives Handeln kann zu einem Ergebnis führen, bei dem Glück keine Rolle spielte.

Soviel also zu den Haupterscheinungsformen des Glücks.

Es ist deutlich, daß eine relativ kleine Zahl von Kategorien offensichtlich die große Mehrheit der Fälle, in denen Glück und Unglück am Werk sind, unter sich begreifen kann.

Wirkliches oder scheinbares Glück

B eim Glück geht es um die Unvorhersehbarkeit *aus der Perspektive des Betroffenen* – des Begünstigten oder Leidtragenden. Die Bauern, die Stalin verhungern ließ, oder die Toten und Verletzten von Hiroshima sind Opfer einer Katastrophe, die an sich nicht zufällig oder unvorhersagbar war. Diejenigen, die die Katastrophe planten, wußten, was passieren würde. Die Betroffenen aber fielen der Katastrophe nichtsahnend zum Opfer. Wenn wir sagen, daß diese Katastrophe ein Unglück war, dann sprechen wir aus ihrer Perspektive.

Stellen wir uns vor, es geschehe etwas, das vorhergesehen und erwartet wurde, daß die Erwartung aber irrational war – wie bei einem, der »ganz genau wußte, daß er im Lotto gewinnen würde«. Hat derjenige Glück gehabt oder nicht? Robinson glaubt, daß jemand, der am Morgen einen Regenbogen sieht und ein vierblättriges Kleeblatt findet, mit allem, was er an diesem Tag unternimmt, Erfolg haben wird. Folglich füllt er an diesem Tag einen Lottoschein aus und gewinnt. Natürlich ist er in keiner Weise überrascht. Die Sache entspricht vollkommen seiner getrosten, von keinerlei Zweifel getrübten Erwartung. Aus seiner Sicht hat das mit Glück überhaupt nichts zu tun; er wußte von Anfang an, daß er gewinnen würde. Hier ist eine wichtige Unterscheidung zu machen: zwischen objektivem und subjektivem Glück, zwischen *wirklichem* und *vermeintlichem* Glück. Um von Glück reden zu können, muß es einen realen Gewinn und eine

Unvorhersagbarkeit nach vernünftigen Maßstäben geben.
Eine Frau, die irrtümlicherweise glaubt, vergiftet worden zu
sein, und ebenso irrtümlicherweise glaubt, eine Arznei zu
besitzen, die ihr das Leben retten könnte, *glaubt* zwar ohne
Zweifel, Glück gehabt zu haben, aber hat es nicht. Wahres
Glück steht nicht nur in einem Verhältnis zu Erwartung,
sondern auch zu *vernünftiger* Erwartung.

Glück besteht, wie wir gesehen haben, darin, daß einem
zufällig etwas widerfährt, wobei das Urteil über die Zufälligkeit und das Widerfahren von Wunschdenken und Irrtümern
verfälscht sein kann. Wahrscheinlichkeit und Nützlichkeit
können objektiv – so, wie sie wirklich sind –, aber auch bloß
subjektiv – so, wie sie jemandem erscheinen – festgestellt werden. Folglich sind zweierlei Situationen zu unterscheiden:

– objektives Glück: Wahrscheinlichkeit und Nützlichkeit
  werden objektiv festgestellt
– subjektives Glück: Wahrscheinlichkeit und/oder Nützlichkeit werden subjektiv beurteilt

Realistisch zu sein heißt die Kluft zwischen dem Subjektiven
und dem Objektiven zu schließen, heißt die eigenen Erwartungen und Einschätzungen mit den wirklichen objektiven
Gegebenheiten in Übereinstimmung zu bringen, heißt – um
zum tatsächlichen Glück zurückzukehren – sowohl Wahrscheinlichkeit als auch Nützlichkeit richtig einzuschätzen.

Betrachten wir die folgende Situation: Bernhard hält die
Sonne für ein Feuer. Und er glaubt, daß sie, einmal gelöscht,
nie wieder scheinen werde. Nun kommt eine totale Sonnen-
finsternis. Das Sonnenlicht ist verschwunden. Doch nach wenigen Minuten ist es wieder da – wider Bernhards Erwartung.
Er glaubt, es habe nur ein Flackern gegeben, und wir hätten
noch einmal Glück gehabt.

Julia hört zufällig, wie einer behauptet, daß Lightning Jack

das vierte Rennen gewinnen werde. Sie setzt die Familien-
farm darauf. Lightning Jack gewinnt. Julia meint, es gewußt
zu haben, und glaubt, vom Schicksal begünstigt worden zu
sein, und nicht, Glück gehabt zu haben. Doch sie täuscht sich.

Oder Jan, der eine Situation falsch beurteilt. Er wünscht
sich etwas, das schlecht für ihn und seinem Wohlergehen
zuwider ist (mehr Alkohol zum Trinken zu haben oder Lena
zu heiraten, die eine Trinkerin ist). Unerwartet gelingt es Jan,
seine Wünsche Wirklichkeit werden zu lassen. Er wird *glauben*, Glück zu haben. Aber es gibt einen Unterschied zwischen
tatsächlichem und nur scheinbarem Glück – einen Unterschied, der die Unterscheidung zwischen realen und scheinbaren Gütern widerspiegelt. Nur was sich auf die tatsächliche
(objektive) Verfassung des Begünstigten auswirkt, kann als
wirkliches (im Gegensatz zu scheinbarem) Glück betrachtet
werden, nicht was er zufälligerweise (subjektiv) dafür hält.

Ebenso kann von (wirklichem) Glück nur auf der Grundlage einer realistischen Einschätzung der Wahrscheinlichkeit
gesprochen werden. Beim Glück gibt es demnach einen bedeutsamen Unterschied zwischen dem Wirklichen und dem
nur Scheinbaren. Man kann *glauben*, Glück zu haben, ohne es
wirklich zu haben. Man kann auch Glück haben, ohne es zu
erkennen. Das folgt aus der Unterscheidung zwischen objektivem und subjektivem Glück.

Glück ist ein Zustand der Sachverhalte, nicht des Bewußt-
seins. Die subjektive Sicht der Dinge muß nicht mit den
objektiven Fakten übereinstimmen.[6]

Unbedingtes oder bedingtes Glück

Die Bestimmung von Nutzen und Schaden ist für das Glück wesentlich. Es ist nicht so einfach, wie es den Anschein hat. Es gibt Geschehnisse, die eindeutig positiv oder negativ sind – etwa tausend Mark zu gewinnen. Es gibt aber auch solche, die nur in einem bestimmten Kontext oder in Anbetracht der Alternativen positiv oder negativ sind. Wenn jemand davon ausging, daß er zehntausend Mark verdienen würde, sind tausend Mark eine schwere Enttäuschung.

Die Dualität des Schicksals ist auch auf dem Gebiet des Glücks festzustellen. In einer stürmischen Nacht stundenlang auf dem Atlantik in einem kleinen Rettungsboot ein Spielball der Wogen gewesen und beinah erfroren zu sein, hat eigentlich nichts mit Glück zu tun. Wer aber auf diese Weise überleben konnte, der hat Glück gehabt.

Man hat *unbedingtes* Glück, wenn etwas, das eindeutig gut (oder schlecht) ist, zufällig geschieht. Einen Schatz zu finden ist unbedingtes Glück; ins Stolpern zu kommen und sich zu verletzen, ist unbedingtes Unglück. Dagegen hat man *bedingtes* Glück (oder Unglück), wenn das Schicksal nur aufgrund sachfremder Erwägungen günstig oder ungünstig ist. Man kann Glück im Unglück haben und umgekehrt. Stefan erlebte ein Eisenbahnunglück, blieb aber glücklicherweise unverletzt. Johanna gewann bei einer Tombola eine Reise in ein tropisches Paradies, bekam aber dort Malaria. Die Begleitumstände können den Glücksstatus eines Ereignisses radikal verändern.

In der realistischen Einschätzung einer glücklichen Situation müssen die relevanten Kontexte der Bedingungen berücksichtigt werden. Betrachten wir folgenden Verlauf:

A. Sie beschließen, nach Dobney in der Nähe von Boston zu fahren.

B. Sie entscheiden sich für den 3.15-Uhr-Zug, der Sie nach Boston bringt.

C. Ihr Taxi kommt auf dem Weg zum Bahnhof in einen Stau, so daß Sie den Zug verpassen.

D. Sie erkennen, daß Sie den nächsten Zug, der um 4.45 Uhr abfährt, nehmen müssen.

E. Dieser Zug wird aber zwei Stunden Verspätung haben.

F. Der 3.15-Uhr-Zug ist entgleist, wobei es viele Verletzte gibt.

G. Um die verlorene Zeit aufzuholen, fahren Sie vom Bahnhof in Boston mit dem Taxi und nicht mit dem Bus.

H. Das Taxi hat einen Platten; der Reifenwechsel dauert eine Stunde.

Beachten Sie die folgenden Umstände:

1. Mehrere Ereignisse waren unbedingt unglücklich für Sie, nämlich C und H.

2. Mehrere dieser Ereignisse waren bedingt, das heißt vor dem Hintergrund anderer, unglücklich für Sie, nämlich B mit F, D mit E, G mit H und A mit B und F.

3. Mehrere Ereignisse waren bedingt, das heißt vor dem Hintergrund anderer, glücklich für Sie, nämlich C mit F.

4. Kein Ereignis war unbedingt glücklich für Sie.

5. Mehrere Ereignisse waren unbedingt unglücklich für Dritte, nämlich F.

6. Keines dieser Ereignisse war unbedingt glücklich für irgend jemanden.

Sie hatten zweifellos einiges Pech. In fast allen Einzelvorgängen ist die Geschichte für Sie unglücklich verlaufen – mit der Ausnahme von F. (F ist an sich ein unglückseliges Geschehen.) Aus Ihrer Perspektive ist das meiste unglücklich verlaufen. Dennoch haben Sie, wenn auch bedingt – C vor dem Hintergrund von F –, ein einziges Mal Glück gehabt, was alles andere wieder gutmacht. Trotz der Liste von Unglücken hatten Sie das Glück, um Haaresbreite einer Katastrophe zu entkommen. Dieser Fall von Glück wiegt den Rest auf und bestimmt, daß Sie alles in allem Glück gehabt haben. Bei einer komplexen Situation ist es letztlich das Gewicht des größten Glücks- oder Unglücksfalls, welches das Glück bestimmt.

Das stärkste Glied einer Kette von Umständen erweist sich als ausschlaggebend. Daher kann jemand, wenn er eine Reihe von negativen Ereignissen erlebt hat, durch eine einzige positive Konsequenz insgesamt Glück gehabt haben – Minus zu Plus gemacht werden. Ähnliches gilt umgekehrt. Thomas hat mit dem Fund eines Goldklumpens kein Glück gehabt, wenn er auf dem Weg zum Metallprüfer von Räubern ermordet wird.

Glück ist keine Angelegenheit isolierter Einzelfakten: Von Glück kann man nur im Hinblick auf den jeweiligen Kontext sprechen. So kann die Frage, ob ein anscheinend glücklicher Verlauf tatsächlich gut ist oder nicht, vom Zeithorizont abhängen: Auf kurze Sicht kann eine Antwort, auf lange Sicht eine andere richtig sein. Was nach einem Gewinn oder Verlust aussieht, kann sich als das Gegenteil herausstellen. Das gilt sowohl für die Gunst des Schicksals wie für das Glück. Glück ist ein komplexes Phänomen.

Glück kann bitter werden. Menschen reagieren auf Glücksfälle nur selten durch konstruktive Veränderungen in ihrem Leben.[7] Es gibt in bezug auf diese Frage leider keine systematische Untersuchung über Lottogewinner. Viele Lottogewinner mußten viel Zeit darauf verwenden, die Ansprüche anderer abzuweisen (zum Beispiel den eines Freundes, der gebeten worden war, für einen Erfolg zu beten).[8] Eine Pechsträhne ändert nichts daran, daß ein anfänglicher Erfolg ein Glücksfall war – selbst als Pyrrhussieg war er eine Art Sieg –, aber sie sorgt dafür, daß das Positive desselben zunichte wird. »Du weißt nie, ob du Glück gehabt hast oder nicht, bevor das Rad zum Stehen gekommen ist.«[9]

Das Messen von Glück:
Schicksalsgunst und Wahrscheinlichkeit als Faktoren,
die das Glück bestimmen

Glück kommt offensichtlich in sehr verschiedenen Formen und Dimensionen vor. Wir sprechen selbstverständlich in quantitativen Ausdrücken von Glück. Wenn wir ein Wort suchen und das Wörterbuch zufällig an der richtigen Stelle aufschlagen, hatten wir ein bißchen Glück. Kann das Glück eindeutig und genau gemessen werden?

Die beiden Faktoren, die das Glück bestimmen, sind (1) das Wohl beziehungsweise Übel und (2) die Unwahrscheinlichkeit. Der erste Punkt bezieht sich auf die Größe des jeweiligen Gewinns oder Verlustes. Die Wahrscheinlichkeit wird daran gemessen, was vernünftigerweise angenommen werden konnte. Es ist etwas in dem Maß ein Glück oder Unglück, in dem es unwahrscheinlich war. Das Glück (oder Unglück) ist um so größer, je geringer die Wahrscheinlichkeit eines positiven (oder negativen) Ereignisses ist. Die zwei Hauptfaktoren, die zur Vorstellung vom Glück gehören sind: (1) *Die Gunst oder Ungunst des Schicksals* und (2) *die geringe Wahrscheinlichkeit.* Will man das Ausmaß eines Glücks oder Unglücks bestimmen, müssen diese beiden Faktoren untersucht werden. Auch wenn ein Nutzen gering ist, können wir Glück haben: dann

nämlich, wenn er uns zuteil wird, obwohl er sehr unwahrscheinlich war. Und wenn ein Verlust sehr groß wäre, werden
wir auch dann ein bißchen Glück gehabt haben, ihm ent-
gangen zu sein, wenn er unwahrscheinlich war. Wer eine Operation gut übersteht, bei der die Rate des Mißlingens nur eins
zu tausend ist, hat dennoch ein bißchen Glück gehabt.

Daraus folgt, daß ein Geschehnis, das für das Schicksal
eines Menschen von großer positiver Bedeutung *und* unwahrscheinlich ist, für diesen ein großes Glück darstellt, daß aber
ein Geschehnis, das von großer negativer Bedeutung *und* unwahrscheinlich ist, ein großes Unglück ist. Für jenen Broker
der Baringsbank, der im Frühjahr 1995 mehrere hundert
Millionen Dollar für Derivate ausgab, die an das Florieren der
japanischen Wirtschaft gebunden waren, war dieser Kauf ein
überaus großes Unglück. Der Einsatz war sehr hoch, und die
Wahrscheinlichkeit des Erdbebens, das Kobe verwüstete und
die japanischen Finanzmärkte zusammenbrechen ließ, war
sehr gering.[10] Es ist Teil der menschlichen Wirklichkeit, daß
solches Unglück geschieht.

4. Die Unendlichkeit von Zufällen

Die Bedeutung von Glück für das menschliche Dasein

Wie bedeutsam ist Glück für das menschliche Dasein? Die Humanisten der Renaissance neigten zu der optimistischen Ansicht, daß rationales Bemühen über die Machenschaften des schändlichen Schicksals die Oberhand gewinnen könne, obwohl sie ein Moment irreduzibler Unvorhersehbarkeit nicht leugneten. Poggio Bracciolini (1380-1459) feierte in seinen Traktaten *De miseria humanae conditionis* und *De varietate fortunae* die Wirksamkeit der Rationalität: »Das Schicksal ist niemals so stark, daß es nicht von standhaften und entschlossenen Männern in die Knie gezwungen werden könnte.«[1] Das Schicksal als solches sei nicht mehr als das Produkt des Zusammenwirkens von menschlichem Verstand und den Kräften der Natur, und beides sei der Welt von Gott gegeben. Andere betrachteten die Sache nicht ganz so zuversichtlich. Machiavelli setzte dem menschlichen Bemühen pessimistischere Grenzen. Im 25. Kapitel seines Buchs *Der Fürst* (1513) macht er, nachdem er einen Überblick über die Grausamkeiten und Willkürakte der Politik seiner Zeit gegeben hatte, für die Hälfte dessen, was geschieht, die unbeeinflußbare Macht der Fortuna verantwortlich, diese schelmische Herrin könne nur zum Teil durch klug gesetzte Dämme gebändigt werden.

Es ist unmöglich, die Proportionen dessen zu bestimmen, was den Menschen durch das Schicksal, was durch das eigene Bemühen und was schlicht und einfach durch Glück widerfährt. Ironischerweise hängt das Verhältnis von Glück und Bemühung wiederum vom Schicksal ab. Das Verhältnis der Anteile, die Glück und Bemühung (oder Mangel an derselben) am Geschehen haben, läßt sich nicht dadurch bestimmen, daß man errechnete, wie groß die jeweiligen Anteile bisher waren. Dieses Verhältnis ist variabel und verändert sich im Treibsand der Umstände und Bedingungen. In »normalen« Zeiten, in Zeiten von Wohlstand und Frieden, werden Fähigkeiten und Bemühungen dominieren und die Dinge im großen und ganzen »nach Plan« verlaufen. Dann spielt das Glück eine geringere Rolle. In schweren Zeiten – Perioden, die durch Revolution, Krieg, Unruhen oder Katastrophen geprägt sind – hängt viel mehr vom Zufall ab. Bei Katastrophen kann durchaus der bloße Zufall dafür verantwortlich sein, wer zu den Überlebenden und wer zu den Opfern gehört. Das Glück dominiert.

Glück ist ebenso wie die Natur und auch die Kultur ein Faktor bei der Determinierung der Lebensbahn, die ein Mensch durchläuft. Die Dominanz, die dem Glück oder der Bemühung zukommt, ist ein charakteristisches Element der Umstände von Raum und Zeit. *Der Spielraum, den das Glück im Leben hat, hängt selbst vom Schicksal ab.* Wir sind vom Schicksal begünstigt, wenn wir in Umständen leben, in denen wir selbst die Herren unseres Schicksals sind und uns nur wenig auf die Hilfe des Glücks verlassen müssen. Menschen, die Glück haben, sind in der Tat vom Schicksal begünstigt, jene aber, die seiner nur in bescheidenem Maße bedürfen, sind es noch mehr. Die Umstände geben einem Menschen die Möglichkeit zu zeigen, aus welchem Holz er geschnitzt ist.

Gleichwohl hat es den Anschein, als habe der wissenschaftliche und technologische Fortschritt der Moderne den Spielraum, der dem Glück im menschlichen Leben zukommt, verändert. Bedenkt man die Meilensteine des Lebens – Geburt, das Erwachsenwerden, Ausbildung und Beruf, Ehe und -

Kinder, Altern, Krankheiten und Tod –, stellt man fest, daß ein gewisses Maß an Zufall in jeder dieser Stationen am Werk ist. Heute ist es wahrscheinlicher als je zuvor, alt zu werden oder eine Arbeit zu finden, die den eigenen Interessen und Begabungen entspricht. Zweifellos zeigt sich hier nicht nur ein Unterschied zur Vergangenheit, sondern auch zur Lage in den unterentwickelten Ländern. Dennoch hat die Moderne in den entwickelten Ländern den Einfluß verringert, den das Glück auf die Lebensumstände von Menschen hat, unabhängig von der anderen Seite der Medaille, daß die Moderne auch die immer destruktiver werdenden Kräfte entfesselt hat – etwa in der Kriegführung, im Terrorismus oder auch bei Umweltkatastrophen. Alles in allem bleibt es aber dabei, daß vieles, was uns im Leben widerfährt, nicht notwendig oder bewußt geplant, sondern eine Sache von Glück, Zufall und Schicksal ist.

Glück beim Wettbewerb und in Konflikten

Es lohnt sich, zumindest kurz die Erscheinungsformen des Glücks in einigen Bereichen des menschlichen Trachtens und Strebens ins Auge zu fassen. Das Glück ist in der Lage, seine Färbung wie ein Chamäleon dem Hintergrund der verschiedenen Situationen anzupassen.

Erfolg und Mißerfolg beim Wettkampf hängen oft von zufälligen Ereignissen ab. Selbst in Situationen, in denen Fähigkeiten eine große Rolle spielen – beim Sport –, kommt dem Glück enorme Bedeutung zu. Ein Augenblick der Unkonzentriertheit oder ein kleiner Flüchtigkeitsfehler kann dem Gegenspieler die Gelegenheit bieten, einen alles entscheidenden Punkt zu machen. Wenn der Star des gegnerischen Teams zufälligerweise schlecht geschlafen hat, kann die

eigene Mannschaft vielleicht das Tor schießen, das ihr die
Meisterschaft einträgt. Spiele zwischen gleich starken Gegnern, in denen der Sieger nicht von vornherein feststeht, sind
gerade deshalb interessant, weil der Zufall − und somit das
Glück − in ihnen eine so herausragende Bedeutung hat.

Im Krieg hat das Glück einen sehr großen Spielraum. Eine
zufällig abgefangene Botschaft kann dem Feind Pläne und
Absichten verraten; ein taktisches Manöver, das durch einen
winzigen Zufall fehlschlägt, kann dem Gegner in der Schlacht
eine entscheidende Gelegenheit verschaffen. Der Nebel des
Nichtwissens, der über dem Schlachtfeld liegt, öffnet dem
Glück zahllose Türen. Im Krieg kommt es sehr auf Ge-
schwindigkeit an. Es war ein großes Unglück für General
Robert E. Lee in der Schlacht von Gettysburg, daß General
J. E. B. Stuart beschloß, seine Kavallerie für einen Überfall
einzusetzen, statt mit ihr den Spähern der anrückenden Kon-
föderationsarmee Deckung zu geben. Für die Amerikaner bei
Yorktown aber war es ein großes Glück, daß die Engländer
unter General Cornwallis ihren Überfall starteten, bevor die
französische Flotte unter Admiral de Grasse ihr Winter-
quartier beziehen mußte.

Auch der demokratische Wahlvorgang verschafft dem
Glück Einflußmöglichkeiten. Die Grippe eines Kandidaten
kann verunsichernde Fragen bezüglich seiner Gesundheit aufwerfen. Einer der Hauptgründe dafür, daß in der Politik eine
Woche eine lange Zeit ist, liegt darin, daß zufällige Entwicklungen eine große Rolle spielen können.

In der wissenschaftlichen Forschung werden viele Versuche
aufs Geratewohl unternommen. Dem Einfluß des Glücks sind
Tür und Tor geöffnet. Wissenschaftliche Entdeckungen werden oft nicht auf der Basis eines wohldurchdachten For-
schungsplans gemacht, sondern durch einen puren Glückstreffer. Im Englischen hat sich dafür ein besonderer Ausdruck

geprägt: »by serendipity«[2]. Solche Entdeckungen ereignen
sich in der Wissenschaft, wenn Forscher statt durch Entwurf,
Planung, Überlegung und Methode durch Zufall auf Lösun-
gen von Problemen stoßen. Es gibt sehr dramatische Beispiele
hierfür: bei der Entdeckung der Radioaktivität – Antoine-
Henri Becquerel und seine lichtempfindlichen Platten – oder
bei der Entdeckung der Antibiotika – Alexander Fleming und
seine Hefepilze. Zahllose Fälle zeigen, daß das Glück auch in
so durch und durch rationalen Unternehmungen wie der
wissenschaftlichen Forschung eine bedeutsame Rolle spielt.

Epistemisches Glück gibt es nicht nur in der Wissenschaft,
sondern es ist vielmehr ein allgemeines Phänomen. Sie sind
sich sicher, daß Katrin im Nebenzimmer ist, und behaupten:
»Ich weiß, daß nebenan eine hochgewachsene Frau ist.« Doch
ohne daß Sie es merkten, hat Katrin das Zimmer verlassen,
und Susanne ist eingetreten. Ihre Überzeugung ist richtig.
Aber die Tatsache, daß sich im Nebenzimmer eine Frau auf-
hält, und Ihre Überzeugung, daß es Katrin ist, haben keinerlei Zusammenhang mehr. Es ist *bloßer Zufall*, daß Ihre Behauptung richtig ist. Die Gründe für Ihre Überzeugung
genügten nicht, um wirkliches *Wissen* zu sein. Um wahres
Wissen zu erreichen, müssen Überzeugungen mehr als nur
richtig, sie müssen auch angemessen begründet sein.

Emil glaubt, daß draußen ein Hund sei, weil er glaubt,
Rex bellen gehört zu haben. Aber ohne daß er es merkte, ist
Rex ins Haus gekommen, und ein anderer Hund hat draußen
gebellt. Emil hat in kognitiver Hinsicht Glück, daß seine
Überzeugung korrekt ist. Gleichwohl würden wir ihm nicht
attestieren, daß er wirklich *weiß*, welcher Hund draußen ist.[3]
Gewöhnlich stellt eine plausibel artikulierte richtige Über-
zeugung ein Wissen dar. Doch diese Regel hat Ausnahmen.
Wenn nämlich die Begründung einer Überzeugung nicht
stimmt und das Pech zum Spielverderber wird, kann die
Richtigkeit der Behauptung diese nicht als ein echtes Wissen

ausweisen. Damit etwas ein Wissen ist, genügt es nicht, durch puren Zufall die richtige Antwort zu geben. Wenn jemand Sie nach der positiven Wurzel von 81 fragt und Sie antworten 9, weil Sie die Vorstellung haben, daß eine Wurzel durch die Quersumme gebildet würde, bedeutet die Richtigkeit Ihrer Antwort nicht, daß Sie das richtige Ergebnis *wußten.*

Dasselbe gilt für vernünftige Voraussagen. Überzeugt, daß Ihr Bruder Sie mit seinem indischen Freund besuchen wird, sagen Sie voraus: »Wir werden morgen einen Inder zu Gast haben.« Tatsächlich aber gehen Ihr Bruder und sein Freund ins Museum, jedoch Ihr indischer Kollege schaut kurz vorbei. Gewiß, Sie sagten etwas Wahres voraus, doch ist das, was Sie annahmen, nicht eingetreten. Damit eine Voraussage richtig ist, müssen die Gründe für die Voraussage und die Fakten, die sie bewahrheiten, sich entsprechen. In dieser Hinsicht ist richtiges Voraussagen ein Im-voraus-Wissen, und das Glück spielt dabei keine Rolle. Wie beim echten Wissen muß es auch beim vernünftigen Voraussagen wirkliche Kenntnis geben.

Das Problem des Wissens ist vielfältig. Die Lektion zu lernen, die uns die Skeptiker von der klassischen Antike bis heute aufgegeben haben, heißt: Wie wissend wir auch immer in der Tatsachenerforschung »nach den Regeln spielen«, es gibt keine kategorische Sicherheit, daß wir unsere Fragen richtig beantworten. Selbst in der exakten Wissenschaft besteht die nicht eliminierbare Möglichkeit eines Fehlschlusses zwischen Evidenz und Verallgemeinerung. Mit den Informationen passiert das gleiche wie mit allem anderen: das Glück kann zum bestimmenden Faktor werden.

Vorausblick oder Zufall in der menschlichen Geschichte

Wird die menschliche Geschichte vom Zufall oder von Gesetzen regiert? Ist das menschliche Leben letztlich Glückssache? Oder hatte Hegel recht damit, daß das Wirkliche vernünftig sei? Eine lange und ehrwürdige Tradition besteht darauf, daß eine Wissenschaft der Geschichte unmöglich ist. Deutlich wird dies in der Unterscheidung von Natur- und Geisteswissenschaften durch die deutsche Philosophie des neunzehnten Jahrhunderts. Erstere sind auf Voraussagen und Kontrolle, letztere auf Verstehen und Interpretation ausgerichtet. Die Geisteswissenschaften umfassen auch die Erforschung des menschlichen Handelns. Da die Menschen einen freien Willen haben, kann man im Bereich des menschlichen Handelns keine sicheren Voraussagen treffen – man kann hoffen, statistische Trends und Tendenzen zu erkennen. Man kann die Stabilität und Konstanz nicht garantieren, die von Voraussagen erfordert würde, die mehr als Mutmaßungen sein sollen. Auf dem Gebiet des menschlichen Handelns kann die Wissenschaft plausible Erwartungen, niemals aber sichere Voraussagen erstellen.[4] Die entscheidende Rolle wird also vom Glück gespielt.

Eine andere Tradition besteht auf der Möglichkeit einer Wissenschaft vom menschlichen Handeln; sie basiert auf der Entdeckung historischer Gesetze. Giambattista Vico, Karl Marx, Oswald Spengler und in jüngerer Zeit Fernand Braudel gehen davon aus, daß die zukünftige Entwicklung der menschlichen Zivilisation in vorhersehbaren Bahnen durch einen unausweichlichen Naturprozeß vorbestimmt sei. Für die meisten klassischen Theoretiker ist die Idee historischer Vorhersehbarkeit eng an die Vorstellung einer historischen Unausweichlichkeit geknüpft.[5] Die Frage der historischen Vorhersagbarkeit wurde gewöhnlich an eine allgemeine

Theorie der Geschichte geknüpft, die den unerbittlichen Triumph der aufgeklärten Vernunft, der demokratischen Gleichheit, des kommunistischen Sozialismus, des materiellen Wohlstands und dergleichen kommen sah. Theoretiker, die an strukturelle Tendenzen glaubten, die der Geschichte selbst innerlich seien, haben fünf voneinander wesentlich unterschiedene Sichtweisen entwickelt:

– *progressiv:* die Dinge bewegen sich auf eine neue und vom Vergangenen gänzlich unterschiedene Ordnung zu (Denker der Aufklärung wie Edward Gibbon, Immanuel Kant; der absolute Geist bei G. W. F. Hegel; die Stufenlehre von Auguste Comte; Sozialevolutionisten wie Herbert Spencer und Sozialutopisten wie Karl Marx, G. B. Shaw und Edward Bellamy);
– *regressiv:* die Dinge entwickeln sich zu einer früheren primitiven Ordnung zurück (Max Nordau; Theoretiker des Fin de siècle);
– *beständig:* alles bleibt im Verlauf der Zeiten im wesentlichen gleich (die »klassische« Position der Denker der Antike und des Mittelalters, die den Menschen mit einem konstanten Wesen und modus operandi ausgestattet sahen; Arthur Schopenhauer);
– *zyklisch:* der historische Wandel folgt einer sich wiederholenden Bewegung wie Ebbe und Flut (Ibn Chaldun, Giambattista Vico, Friedrich Nietzsche, Oswald Spengler, Arnold Toynbee);
– *anarchisch:* der historische Wandel wird ganz oder überwiegend von zufälligen Ereignissen bestimmt, die sich nicht auf eine gesetzliche Regelmäßigkeit beziehen lassen (Thomas Carlyle).

Unter den Geschichtstheoretikern ist es zu einem Streit zwischen zwei einander entgegengesetzten Schulen gekommen.

Auf der einen Seite stehen die Vertreter der Vorsehung, die eherne Gesetze in der historischen Entwicklung sehen, die den Verlauf der Geschichte in einer unbegrenzten, prinzipiell aber vorhersehbaren Bahn bestimmen; auf der anderen Seite die Vertreter des Zufalls, die nur unbegrenzte Möglichkeiten sehen – eine Reihe unvorhersagbarer Zufälle. Die Vertreter der ersten Schule gehen davon aus, daß wir, je vollkommener wir die Welt verstehen, desto klarer ihr grundsätzlich vorhersagbares Wesen erkennen würden. Die anderen glauben, daß die Zufälligkeit der historischen Abfolge immer deutlicher zutage treten wird, je mehr wir darüber wissen. Die Wahrheit scheint zwischen den beiden Extremen zu liegen; die Geschichte ist als ein Tauziehen zwischen Vorsehung und Zufall anzusehen.

Die plausibelste Theorie des historischen Prozesses ist die Lehre vom *punktuellen Chaos,* die das Funktionieren eines sozialen Systems als Sache von Perioden gesetzter Ordnung und Stabilität (in denen Vorhersagen möglich sind) betrachtet, die mehr oder weniger zufällig (das heißt in unvorhersagbaren Intervallen) von chaotischen Übergängen zu einer neuen, zeitweise stabilen Ordnung unterbrochen werden. Im allgemeinen sind Vorhersagen auf kurze, aber nicht auf längere Sicht möglich, und selbst innerhalb eines scheinbar normalen Verlaufs können unvorhersehbare Ereignisse eintreten – (etwa der Zusammenbruch des Aktienmarkts im Oktober 1987 oder die Turbulenzen des europäischen Währungssystems im September 1992). Man hat guten Grund zu der Annahme, daß die sozialen Systeme dieser Welt unregelmäßig funktionieren.

John Stimson schreibt: »Viele Soziologen haben das Gefühl, daß zuwenig bekannt ist, um zukünftige Ereignisse voraussagen zu können.«[6] Das ist Selbsttäuschung. Denn was Voraussagen im Wege steht, ist kein bloßer Mangel an Informationen, kein Unvermögen, diese Disziplin zu perfektionieren. Die eigentliche Ursache ist etwas anderes, etwas, was im Wesen der operativen Realitäten begründet liegt. Für unsere Unfähigkeit, Voraussagen zu treffen, sind nicht die Grenzen unserer Forschung, sondern ist die Angriffsfläche verantwortlich, die das Leben für Instabiles, für Zufall und Chaos bietet.

Soweit man dieser Ansicht folgt, erscheint das große, von Hegel eingeführte und in der Folgezeit von Geschichtsphilosophen des zwanzigsten Jahrhunderts wie Spengler und Toynbee wiederaufgegriffene Projekt, Vernunft in der Geschichte zu finden, aussichtslos. Es gibt keinen inneren Sinn im historischen Prozeß, kein inneres, einigendes Grundprinzip, keine Entfaltung einer rationalen Dialektik, keine Möglichkeit, den Zufall aus dem menschlichen Dasein zu eliminieren. Es gibt nur Perioden, in denen das Glück weniger Macht hat.

Der jüngste Vetreter einer Theorie der historischen Unvorhersagbarkeit war Karl R. Popper, der glaubte zeigen zu können, daß »wir den zukünftigen Verlauf der menschlichen Geschichte nicht vorhersagen [können]«, und der die Idee, es ließen sich Gesetze entdecken, die dem Verlauf der Geschichte zugrunde lägen und ihn determinierten, scharf kritisierte.[7] Popper betrachtet die Geschichte als eine Abfolge im wesentlichen unwiederholbarer Prozesse, deren charakteristische Idiosynkrasien zur Folge haben, daß alle theoretischen Verallgemeinerungen zur Frage ihres Ablaufs unüberprüfbar und somit unwissenschaftlich sind. Die Idee der Geschichte als Sozialwissenschaft geht nicht nur in die Irre, sondern fordert, da sie einer deterministischen Ansicht der conditio humana verpflichtet ist, zu Einwänden heraus.

Popper sah in dem von ihm als »Historizismus« bezeichneten Glauben, daß im sozialen und politischen Leben sichere Voraussagen möglich seien, die Quintessenz der Lehre Karl Marx'. Popper bestritt die Möglichkeit sozialer Vorhersagbarkeit mit der Begründung, daß »langfristige Prophetien aus bedingten wissenschaftlichen Prognosen nur dann abgeleitet werden können, wenn sie sich auf Systeme beziehen, die als isoliert, stationär und zyklisch beschrieben werden können. Solche Systeme sind jedoch in der Natur sehr selten; und die moderne Gesellschaft gehört sicherlich nicht dazu.«[8] Er besteht darauf, daß alle »wissenschaftlichen« Voraussagen, die sich auf Gesetze stützen, aus diesem Grund auf Fälle eines modus operandi beschränkt sein müssen, die vor Einwirkungen von außen sicher (isoliert), auf Stabilität gegründet (stationär) und in gesetzähnlichen Typen klassifizierbar sein müssen (zyklisch). Soziale Systeme aber erfüllen diese Bedingungen nicht – zumindest nicht über einen längeren Zeitraum. Selbst im Rahmen stabiler menschlicher Gesellschaften können menschliche Handlungen unvorhersehbare Konsequenzen haben. Es gibt letztlich keine Möglichkeit, ein soziales System gegen den destabilisierenden Einfluß interner, geschweige denn externer Entwicklungen abzuschirmen. Menschliches Handeln hängt von Geschmack und Vorliebe ab, ist zu launenhaft, um stabile Verallgemeinerungen möglich zu machen.[9] Die Schwierigkeit, auch stabile Trends Voraussagen zugrunde zu legen, liegt darin, daß ihr Bestehen von der Dauerhaftigkeit ihrer Bedingung abhängt.[10]

Popper ist jedoch mit seiner Position zu weit gegangen. Das Problem liegt darin, daß er nur die Vorhersagbarkeit, die Ansprüche auf Gewißheit erhebt, betrachtet. Er macht keine Trennung zwischen Vorhersagbarkeit und Vorbestimmung. Es ist sicher berechtigt, einen historischen Determinismus zurückzuweisen, dem der Marxismus huldigt, aber zu behaupten, daß die Geschichtswissenschaft keinerlei Voraussagen treffen könne, ist schlicht falsch. Man muß historische Dinge hinsichtlich der Größenordnung unterscheiden, dann wird deutlich, daß relative historische und soziale Voraussagen aus dem modernen Leben nicht wegzudenken sind. Zweifel-

los können für das menschliche Dasein viele Voraussagen
getroffen werden, wie auch bedeutsame Entwicklungen mit
beträchtlicher Genauigkeit vorhergesehen werden können.
Vieles kann auf der Basis einer historischen Analyse vergangener Entwicklungen vorausgesagt werden (etwa demographische Fakten, die die Lebenserwartung, die Bevölkerungs-
dichte von Städten und Ländern betreffen, oder gar kulturelle
Phänomene wie die Zahl der wissenschaftlichen Bücher, die in
einem bestimmten Land zu einem bestimmten Thema in den
nächsten fünf Jahren veröffentlicht werden).

Der entscheidende Punkt ist nicht, daß historische Entwicklungen unvorhersagbar wären, sondern daß unsere Aussichten auf erfolgreiches Vorhersagen relativ sind – auch
hinsichtlich der Fragen, die uns besonders interessieren. Die
Voraussagen, die wir machen können, befähigen uns nicht,
über die Rolle, die das Glück im menschlichen Leben spielt,
zu wachen. Letztlich ist der Einfluß von Zufall und Chaos auf
das menschliche Leben so groß, daß die Geschichte verläßliche Voraussagen nur für einen sehr kleinen Teil jener kontingenten Entwicklungen ermöglicht, die uns interessieren.
Dennoch müssen wir uns gegen den Fatalismus wehren. (Es
ist eine Sache, ausgehend von Ihrem Geschmack, Ihrer Disposition und Ihren Wertvorstellungen vorauszusagen, was Sie
tun werden, und es ist etwas anderes, vorauszusagen, was Sie,
wohl oder übel, tun *müssen*.) Wenn wir imstande wären, das
Spiel der Menschheitsgeschichte noch einmal zu spielen,
könnten wir in kürzester Zeit sehen, daß die aufeinander
folgenden Ereignisse in drastischer Weise vom historischen
Verlauf abwichen.[11] Schwer lastet die Hand des Glücks auf den
Schultern der Menschheitsgeschichte.

Der Grund dafür ist offensichtlich. Systeme, die sich wie
das menschliche Individuum und die menschliche Gesellschaft
genuin aus sich heraus entfalten, tragen gestaltend zu ihrer
Entwicklung bei, so daß ihre Zukunft nicht einfach durch ihre

Vergangenheit vorbestimmt ist. In ihnen manifestiert sich das Wirken von Erneuerung, Spontaneität und Kreativität. Solche Systeme – ob biologischer, technologischer oder sozialer Natur – sind durchdrungen von Aspekten, die unvorhersagbar sind. Es gibt immer Situationen, auf die sie ad hoc antworten müssen und sich nicht vorbereiten konnten. Hier, im Bereich authentischer Innovation und Spontaneität, finden wir den entscheidenden Grund für die Unvorhersagbarkeit historischer Entwicklungen.

Wir selbst sind Ausdruck dieses Phänomens. Es ist das ständig sich wandelnde, aus der unablässigen Innovation resultierende Wesen der conditio humana, das es so schwierig, wenn nicht unmöglich macht, soziale, politische und geistige Gesetze auf der Ebene der historischen Bedeutung herauszuarbeiten. Und dort, wo keine Gesetze oder Regelmäßigkeiten erkennbar sind, werden wissenschaftliche Voraussagen unmöglich. Somit bleibt uns in den großen Menschheitsfragen keine andere Wahl, als die Macht des Glücks anzuerkennen.

5. Einstellungen zum Glück

Das Glück als Freund oder Feind

Man sagt, wir lebten von geborgter Zeit. Die Höhe des Kredits, der uns gewährt wird, ist zu großen Teilen eine Sache des Glücks; die Möglichkeit einer Katastrophe begleitet uns bei jedem Schritt. Ob wir das Buch Hiob oder die Tageszeitung lesen, das Glück ist allgegenwärtig. Manchmal lassen die Machinationen des Unglücks die Segnungen des Lebens zu Asche werden; wie Platons Sokrates bemerkt, kommt es einem doch sonderbar vor, »daß dies allein [daß das Leben dem Tode vorzuziehen sei] unter allen Dingen schlechthin so sein soll, und es auf keine Weise, wie doch sonst überall, bisweilen und einigen besser ist zu sterben als zu leben«.[1] Das Sprichwort sagt es deutlich: »Man soll niemanden glücklich preisen, bevor er nicht gestorben ist.«

Was das Glück zu einem so eindrucksvollen Faktor im menschlichen Leben macht, ist die Tatsache, daß sein Wirken den »natürlichen Konsequenzen« des Lebens zuwiderläuft. Wenn ein Geschehnis glücklich oder unglücklich ist, haben wir es nicht »kommen sehen«. Es ist kein Wunder, daß wir uns über Glück freuen; es läßt uns Wohltaten praktisch gratis zukommen. Mark Twains Huckleberry Finn bemerkt, daß wir mehr Freude an dem Dollar haben, den wir auf der Straße finden, als an dem, den wir als Lohn für unsere Arbeit empfangen. Wenn das Glück unseren Weg kreuzt, haben wir das Gefühl, daß ein freundliches Geschick nach uns sieht. Je nachdem,

wie ein Mensch uns behandelt, betrachten wir ihn als Feind
oder als Freund – mit dem Glück verhält es sich ebenso.
Wenn jemand erkennt, daß er Glück gehabt hat, reagiert er
überrascht und erfreut. Die Arbeit, die wir machen, könnte
auch von einem anderen erledigt werden; wenn uns aber ein
Glück zuteil wird, sind wir nicht austauschbar.[2]

Doch lauern hier Gefahren. Wer das Glück als Freund
betrachtet, wer überzeugt ist, daß das Glück auf seiner Seite
steht, vergißt, sich selbst einzusetzen. Andererseits läßt auch
der, der dem Glück mißtraut, der das Schicksal als einen feind-
seligen Verschwörer betrachtet und sich von Unglück verfolgt
sieht, es wahrscheinlich an Bemühen und Einsatz fehlen.

Welche Haltung sollten wir zum Glück einnehmen? Was
sollten wir darüber denken? Da Geschehnisse, die vom Glück
abhängen, nicht vorherzusagen oder herbeizuführen sind,
können wir nur reagieren, und das so vernünftig wie möglich. Es hat keinen Sinn, das eigene Unglück zu verfluchen.
Analog ist die Dankbarkeit für Glück sinnlos. Natürlich kann
man *glücklich* darüber sein. Insoweit, als das Glück ein Produkt des Zufalls ist, gibt es nichts und niemanden, der die
Verantwortung dafür trüge.

Wenn einem Glück oder Unglück beschieden ist, besteht
die einzig vernünftige Reaktion darin, glückliche Um-
schwünge des Schicksals nicht überzubewerten, im Fall eines
Unglücks uns abzuwenden und unseren Kampf auf einem
anderen Gebiet und an einem anderen Tag wiederaufzu-
nehmen, im Vertrauen darauf, daß das Glück an den Zufall
gebunden ist. Wir müssen das Glück als das akzeptieren, was
es ist – ein untilgbares Element unserer widersprüchlichen
Welt. Man kann natürlich verärgert und betrübt über Unglück sein. Es ist aber höchst unvernünftig, sich vom Unglück
persönlich angegriffen und schlecht behandelt zu fühlen.
Haltungen wie Gekränktsein, Ressentiment und dergleichen

sind bei absichtsvollen Kränkungen angebracht. Aber beim Unglück, das im Zufall wurzelt, ist das nicht der Fall. Sich vom Schicksal schlecht behandelt, ja verfolgt zu sehen, ist in dieser Hinsicht so unvernünftig, wie dem Hocker, über den man im Dunkeln gestolpert ist, zu zürnen. Wenn uns ein Unglück trifft, dann ist die angemessene Reaktion, es zu akzeptieren und sich damit abzufinden. Man sollte sowohl die Euphorie des Gedankens, die Welt sei auf unserer Seite, als auch die gleichermaßen schlechtberatene Paranoia des Gedankens, die Welt habe es auf uns abgesehen, vermeiden.

Die nicht zu eliminierende Rolle, die der Zufall im Leben spielt, bedeutet, daß unser Schicksal eine Mischung aus Fähigkeit und Glück ist. Es gibt keine feststehende Proportion zwischen den beiden. Dennoch ist dies ein fruchtbarer Boden für Optimismus und Pessimismus. Der Optimist verläßt sich aufs Glück. Wie Mr. Micawber bei Charles Dickens geht er mit der Einstellung an die Dinge heran, daß schon alles irgendwie gelingen wird. Er geht alle möglichen Risiken ein, weil er das sichere Gefühl hat, daß das Glück zu seinen Gunsten intervenieren wird. Der Pessimist weiß, daß etwas schiefgehen wird. Vorsichtig meidet er jedes Risiko, weil er mit jedem Unglück rechnet. Beide sind sie auf kontraproduktive Weise unrealistisch. Die vernünftige Einstellung ist vielmehr der Realismus des goldenen Mittelwegs, und die vernünftige Art zu handeln besteht darin, die Dinge auszubalancieren, auf umsichtige Weise wagemutig zu sein.

Wer seine Einstellung zum Glück finden will, wird sich an das folgende Register vernünftiger Regeln halten:

– Sei realistisch in der Erkenntnis! Sei realistisch in den Urteilen. Schätze Wahrscheinlich- und Nützlichkeiten auf der Basis vernünftiger und subjektiver Notwendigkeiten ein. Schließe so weit wie möglich die Lücke zwischen Subjektivem und Objektivem.

— Sei realistisch im Handeln! Sei realistisch in den Erwartungen, wenn Situationen Entscheidungen und Taten
erfordern. Das alte römische Diktum, daß die Menschen nicht verpflichtet sind, mehr zu tun, als sie können (»ultra posse nemo obligatur«), gilt noch immer.
Wir müssen uns mit der Tatsache abfinden, daß unserem Handeln in Situationen, in denen der Zufall und
die Ungewißheit eine Rolle spielen, Grenzen gesetzt
sind.

— Sei auf kluge Weise abenteuerlustig! Sei nicht so risiko-
scheu, daß alle Gelegenheiten schwinden.

— Sei verhalten optimistisch! Die Möglichkeit eines Fehlschlags sollte niemanden davon abhalten, vernünftige
Anstrengungen in ein Vorhaben zu investieren, um es
erfolgreich zu Ende zu führen.

Glück und Unglück sind weder Freund noch Feind. Wir
müssen versuchen, uns das Gefühl für Proportionen zu bewahren und uns weder der Euphorie noch der Depression
hinzugeben.

Die Psychologie des Glücks

D ie natürliche Reaktion auf Glück ist Freude, Vergnügen,
zumindest ein verstohlenes Lächeln. Die Kombination
von Überraschung und Vergnügen angesichts einer günstigen
Entwicklung muß in jedem, der auch nur ein Mindestmaß an
Humor hat, ein Amüsiertsein hervorrufen. Andererseits wird
auch ein Unglück, das nicht allzu schwer wiegt, ein kleines
Mißgeschick, das zufällig und unerwartet eintritt (etwa ein
eleganter Sturz auf dem Eis), wahrscheinlich ein Lächeln oder

Lachen hervorrufen – bei den anderen. In uns schlummert ein kleiner Rest jenes atavistischen Denkens, das im Mißgeschick eines anderen den eigenen Vorteil sieht: Schadenfreude.

Aus unverständlichen Gründen ist das empirische Studium der Psychologie des Glücks ein ziemlich unterentwickeltes Gebiet. So fehlt uns beispielsweise eine systematische Studie über Menschen, denen unerwartet ein großes Vermögen, durch Spiel, Spekulation oder eine unerwartete Erbschaft, zuteil geworden ist, und über Menschen, die unvorhergesehene Verluste zu ertragen hatten (etwa durch eine Bürgschaft). Die Anekdoten lassen vermuten, daß die Menschen in der Euphorie eines großen, zufälligen Gewinns in Gefahr sind, ihren neuerworbenen Reichtum gleich wieder zu verlieren.

Es gibt natürlich auch eine Psychopathologie des Glücks. Auf der einen Seite haben wir jemanden, der sich allzusehr auf das Glück verläßt. Er ist leichtsinnig, handelt unvernünftig und zählt darauf, daß das Glück ihm hold ist. Auf der anderen Seite haben wir den Paranoiden, der davon überzeugt ist, daß das Schicksal gegen ihn ist, und der dem Glück übervorsichtig jede Chance verweigert.

Leider wird für manche Menschen das »Unglück« zu einer Entschuldigung, die für alles und jedes herhalten muß. Ein Moralist des neunzehnten Jahrhunderts hat dies wie folgt zum Ausdruck gebracht:

Geh und sprich mit den mäßig Begabten und mäßig Erfolgreichen, mit dem kleinmütigen Mann, der mangels Energie und Eifer nur wenig vorangekommen ist in der Welt, der von denen, die er als unterlegen verachtet hatte, im Wettlauf des Lebens überholt worden ist, und du wirst sehen, daß auch er die Allmacht des Glücks anerkennt und seinen gedemütigten Stolz damit besänftigt, das er sich als Opfer eines bösen Schicksals betrachtet.[3]

Solche Menschen sind immer bereit, vom Unglück als einer
Entschuldigung Gebrauch zu machen, indem sie sich als Opfer
der Umstände darstellen, anstatt ihren Mangel an Fähigkeit
und Anstrengung einzusehen. Man hat nichts davon, das
eigene Schicksal zu verfluchen, wenn einem ein Unglück
widerfährt. Nutzloses Selbstmitleid steht der konstruktiven
Entschlossenheit zur Bemühung im Wege, die Dinge so zu gestalten, daß die Wahrscheinlichkeit von Mißgeschicken und
Katastrophen minimiert wird.

Es ist sinnlos, auf anderer Leute Glück mit Mißgunst oder
neidischem Ressentiment zu reagieren.[4] Man wird zu dem,
der man ist, durch das, was man tut das heißt durch das, was
man aus den Gelegenheiten macht, die sich einem bieten.
Eine gesunde Prise Realitätssinn ist angebracht: Glück macht
einen nicht besser, Unglück nicht schlechter, als man ist.

Vernünftige Menschen werden sich hüten, aus dem Zufall
eine Tugend zu machen und etwa zu denken, daß die Glücklichen besser seien und die Unglücklichen schlechter. Sofern es
sich wirklich um Glück handelt, besteht der einzige Unterschied zwischen dem Glücklichen und dem Unglücklichen
ganz allein in diesem Umstand. In letzter Instanz gibt es keinen
zwingenden Grund, in diesem Unterschied eine Stärke oder
Schwäche des Charakters zu sehen. Die diesbezügliche Verfassung eines Menschen sagt nichts über seine Qualitäten aus.

Glück und Weisheit im Sprichwort

Zwar haben die Geistes- und Sozialwissenschaften das
Glück vernachlässigt, nicht aber der gesunde Menschenverstand – eine Tatsache, die durch die Häufigkeit bestätigt
wird, mit der das Wort in Sprichwörtern und Redewen-

dungen vorkommt.[5] Wir neigen dazu, uns darüber zu ärgern, daß einige »das Glück gepachtet« haben. »Der Mensch muß mit dem Blatt spielen, welches das Schicksal ihm in die Hand gegeben hat«, heißt es, oder auch: »Glück hat nur der Tüchtige«. In diversen Handlungen beziehen wir uns auf das Glück. Wir klopfen auf Holz, um das Unglück zu bannen, wir wetten auf unsere Glückszahlen, danken unserem Glücksstern und tragen einen Glücksbringer.

Die Weisheit der Sprichwörter hebt die Macht des Glücks hervor – seine Fähigkeit, unüberwindbare Hindernisse zu meistern.

Weil das Glück so wechselhaft ist, pflegt man jemandem Mut zuzusprechen, indem man sagt »Neues Spiel, neues Glück« oder »Man darf das Glück nicht versuchen«. Oft ist es der goldene Mittelweg, der in den Sprichwörtern zum Thema Glück empfohlen wird; sich nicht zuviel oder zuwenig auf das Glück zu verlassen, dem Glück nicht zuviel zuzutrauen oder seine Macht zu unterschätzen. Es gibt einige Sprichwörter, die davor warnen, uns zu sehr auf das Glück zu verlassen; beispielsweise: »Glück im Spiel, Pech in der Liebe«. (Man soll nicht meinen, wenn man auf einem Gebiet Glück hatte, daß man es auch auf einem anderen hätte.)
Sprichwörter tendieren dazu, allgemeine Regeln aufzustellen, und das Leben erzählt die Ausnahmen. Ein bemerkenswerter Zug der in Sprichwörtern niedergelegten Weisheit ist ihre Inkonsistenz, ihre janusköpfige Eigenschaft, zugleich in zwei Richtungen zu weisen. Wie beim dritten Newtonschen Bewegungsgesetz gibt es für jedes Sprichwort mit einer bestimmten Botschaft ein anderes mit der entgegengesetzten: Wer zögert, ist verloren. Sieh hin, bevor du springst. – Hüte dich vor Danaergeschenken. Einem geschenkten Gaul schaut man nicht ins Maul. – Wer den Pfennig nicht ehrt, ist des Talers nicht wert. Du kannst es nicht mitnehmen.

Diese Wankelmütigkeit der Sprichwörter bezeichnet die Komplexität des menschlichen Lebens: Es gibt Zeiten, in denen es unverzüglich zu handeln gilt (»Frisch gewagt ist halb gewonnen«), und Zeiten, in denen Bedachtsamkeit gefordert ist (»Gut Ding will Weile haben«).

Wir müssen dem Glück sowohl vertrauen als auch mißtrauen; wir dürfen uns nicht aufs Glück verlassen, und dennoch sollten wir seine Macht nicht unterschätzen. Die Weisheit der Sprichwörter spricht häufig mit gespaltener Zunge.

Das Glück als ausgleichende Macht

Die Preisung des Glücks ist nur allzu verständlich: nur manche sind mit Begabungen und natürlichen Fähigkeiten ausgestattet, während potentiell jeder ein Günstling des Glücks sein kann. Wenn ich mir vorstelle, einen Meister des Tennis- oder des Schachspiels zu besiegen, dann bin ich ein Idiot – sofern mir die dazu notwendigen Fähigkeiten fehlen. Wenn ich mir aber erträume, im Lotto zu gewinnen, bin ich kein größerer Narr als jeder andere; hier kann jeder gewinnen, und alle haben die gleichen Chancen. Das Glücksspiel ist in gewissem Sinne ein großer Gleichmacher.

Beim Glücksspiel braucht uns vor bitteren Erfahrungen nicht gar so bange zu sein. Nach einem Bankrott eine neue berufliche Karriere zu beginnen oder nach einer Scheidung eine neue Ehe ist ein Triumph der Hoffnung über die Erfahrung. Nicht so beim Lottospielen. Daß ich bei den ersten Versuchen nicht gewonnen habe, bedeutet nicht, daß meine Chancen auch nur im mindesten geringer würden.

Beim Glücksspiel dient der Zufall dazu, das Element der

Fähigkeit zu eliminieren, um so dem reinen Glück den Boden zu bereiten. Selbst bei Spielen, in denen sowohl Fähigkeit als auch Zufall entscheiden – bei Kartenspielen und diversen Sportarten –, hebt das Mitwirken des Zufalls einen Teil der Bedeutung auf, die der Fähigkeit zukommt, und macht die Sache somit interessanter. Die Rolle, die das Glück beim Sport etwa spielt, macht den Wettkampf für Teilnehmer und Zuschauer spannender.

6. Die Philosophen des Spiels

Einführung

Die Hoffnung auf Gewinn, der Nervenkitzel der Spannung und die Nähe verwandter Geister – Gier, Abneigung gegen Langeweile und Geselligkeiten – verleiten Menschen jeden Alters zum Glücksspiel.[1] Es gibt aber noch einen tieferen Grund für Amüsierlust und Geldgier, der die symbolische Präsenz bedeutsamerer Dinge bezeugt. Denn auch das Leben ist in hohem Maße ein Spiel – und zwar eher ein Spiel des Zufalls wie das Roulette als eines, bei dem es, wie beim Schach, allein aufs Können ankommt.

Das Glück kennt kein Gesetz – außer den Gesetzen der Wahrscheinlichkeit. Die Wahrscheinlichkeitstheorie ist das wirksamste Instrument, das wir haben, um uns mit dem exakten Denken zwischen den zufallsabhängigen und ungewissen Dingen zu bewegen. Wie kam es dazu? In einer Studie über die Ursprünge der mathematischen Wahrscheinlichkeitstheorie bemerkt Ian Hacking, daß »das Jahrzehnt um 1660 die Zeit der Geburt der Wahrscheinlichkeit ist«.[2] Zu dieser Zeit wurde der Wahrscheinlichkeitskalkül von den Mathematikern Pascal, Fermat, Huygens und anderen entwickelt, die ihre Anstrengungen weitgehend den Problemen der Verteilung von Spielgewinnen widmeten. Doch war schon in der unmittelbar vorausgehenden, unruhigen Epoche des englischen Bürgerkriegs und des Dreißigjährigen Krieges auf seiten der Philosophen ein neues Interesse an Spiel und Glücksspiel sowie an der Rolle, die Zufall, Schicksal und Glück im menschlichen Leben spielen, erwacht. Insofern bereitete das intellektuelle Klima einer *Philosophie* des Zufalls den Boden für die Entwicklung der *Mathematik* des Zufalls. Erst als die Aufmerksamkeit von Moralisten und Philosophen sich auf Fragen richtete, die den Zufall umkreisten – sie griffen nun unter neuen Bedingungen Betrachtungen über Zufall und Schicksal auf, die sie von der klassischen Antike geerbt hatten –, ging die intellektuelle Beschäftigung mit dem Zufall in die Hände der Mathematiker über. Sie revolutionierten das Denken über dieses Thema, indem sie den »Zufallskalkül« entwickelten, den wir heute als Wahrscheinlichkeitstheorie bezeichnen.

Wenn man die historische Dimension unseres Gegenstands erkunden will, ist es aufschlußreich, die Gedanken von vier verschiedenen Denkern – Gataker, Gracián, Pascal und Leibniz – zu betrachten, die in großer geographischer Entfernung wirkten, nämlich in London, Madrid, Paris und Hannover.

Vier Theoretiker

Thomas Gataker (1574-1654), der in London geboren wurde und in Cambridge aufwuchs, war zeitweise Prediger der Gemeinschaft Lincoln's Inn.[3] Er war ein vielseitiger Forscher, einflußreicher puritanischer Geistlicher und gehörte zu den siebenundvierzig Londoner Klerikern, die die Eingabe vom 18. Januar 1649 gegen Prozeß und Hinrichtung des Königs unterschrieben. Seine Ausgabe der Werke Marc Aurels von 1652 hat Henry Hallam als die »früheste Ausgabe eines klassischen Autors« bezeichnet, »die in England mit originären Anmerkungen erschien«.[4]

Im Jahre 1619 veröffentlichte Gataker seine erste Schrift, den Traktat *Of the Nature and Use of Lots*.[5] Das Thema war anscheinend von der großen Lotterie des Jahres 1612, die in Stows *Annales* wie folgt beschrieben wird, auf die Tagesordnung gesetzt worden:

Seine Majestät der König veranstaltete in seiner besonderen Huld für das gegenwärtige englische Siedlungswesen in *Virginia* eine großzügige Lotterie, die seit dem 29. Juni 1612 in einem neuerbauten Haus im Westend von *Paul's* ausgespielt wurde und bei der als Preisgeld insgesamt fünftausend Pfund an Einmalzahlungen sowie regelmäßige, an wiederkehrende Anlässe gebundene Zahlungen ausgesetzt waren. Eine Lotterie jedoch, bei der, damit die Zahl der Lose vergrößert würde, dreitausend Nieten, aber kein einziges Gewinnlos herausgenommen und weggeworfen wurde, am 20. Juli waren alle Lose gezogen. Die Lotterie wurde vollkommen ehrlich und zur Zufriedenheit durchgeführt. *Thomas Sharpliffe*, ein Schneider aus London, zog den Höchstgewinn, viertausend Crownes in Edelmetall, die ihm auf vornehme Art und Weise nach Hause zugestellt wurden: von mehreren ehrwürdigen Rittern und Wohlgeborenen nämlich, die in der ganzen Zeit, in der die Lotterie ausgespielt wurde, zugegen gewesen waren, sowie von einigen vornehmen und wohlerzogenen Bürgern.[6]

Gatakers Buch griff nicht nur die Geschichte von Losen und Lotterien auf, sondern rückte das Glücksspiel im allgemeinen in den Blick.

Sein Traktat war ein Werk von beträchtlicher Gelehrsamkeit und umfaßte mehr als dreihundert Seiten. Es enthielt einen längeren Streifzug durch historische Beispiele für die

Verwendung von Losen im Alten und Neuen Testament;
etwa die Bestimmung eines Nachfolgers für den Apostel
Judas[7], die Besetzung von geistlichen und weltlichen Ämtern
in Griechenland, die Zuweisung von Gratifikationen in der
hebräischen, griechischen, römischen und manch anderer Ge-
setzespraxis, Praktiken, die der Aufteilung von Kriegsbeute
dienten, und dergleichen mehr. Alle vier Evangelien stellen
fest, daß die römischen Soldaten gelost hätten, um die Kleider
Jesu unter sich aufzuteilen.[8] Gataker definierte das »Los« als
»ein zufälliges Ereignis, das dazu verwandt wird, einen
Zweifelsfall zu entscheiden« (S. 9), wobei diese »zufälligen
Ereignisse« solche seien, die »so oder so ausfallen können und
durch keinerlei Kunst, Voraussicht, Überlegung oder Fähigkeit der Art, die in ihnen am Werk sind oder von ihnen
Gebrauch machen, bestimmt seien« (S. 14). Zustimmend
zitiert er das Diktum, daß »der Zufall in der Unwissenheit des
Menschen gründet und auf sie angewiesen ist« (S. 37).

Gataker folgt Thomas von Aquin darin, daß er drei Formen des Losgebrauchs unterscheidet, nämlich den *divisorischen*
zum Zwecke der Ver- oder Zuteilung von Gutem und
Schlechtem, den *konsultorischen* zum Zwecke der Initiierung
von Handlungsabläufen oder der Determinierung von Tatsachen[9] und den *divinatorischen* zum Zwecke der Erforschung
des göttlichen Willens oder der Weisungen des Schicksals in
bezug auf die Zukunft. Ungeachtet der Tatsache, daß Lotterien im allgemeinen zur Finanzierung gesellschaftlicher Wohl-
tätigkeit veranstaltet wurden, beschränkte Gataker seine Zustimmung auf ihre divisorische Funktion. Der Losgebrauch
zum Zwecke der Aufteilung des Landes Israel (4. Mose 26,
52–56) sei letztlich ausdrücklich von Gott angeordnet worden
(Gataker, S. 14 ff.). Zwar räumte Gataker ein, daß Gott das
Ergebnis der Losziehung schon kannte (Sprüche 16,33), doch
er verwarf und kritisierte die Ansicht, daß »ein Los den Menschen den verborgenen Willen Gottes entdeckt« (S. 25). Er

argumentierte so, daß »Lose nicht im Hinblick auf Dinge, die
vorbei und vorüber sind, befragt werden können [...], weil
darüber kein gewöhnliches Los mehr entscheiden kann; daß
Lose aber entscheiden können, wo sich die Frage stellt, wer das
Recht zu etwas Bestimmtem hat – wenn auch nicht, wer dieses
Recht in Wahrheit hat, sondern nur, wer es um des Friedens
und der Ruhe willen genießen soll« (S. 148). Demgemäß bestand Gataker darauf, daß »in beruflichen Dingen, in denen
von Losen gesetzlicher Gebrauch gemacht werden kann, die
allgemeine Regel der Vorsicht lautet, daß nur unter Dingen
von gleichem Wert gelost werden darf« (S. 125), da es nämlich

> viele gute Dinge gibt, die zu einer bestimmten Zeit ge-
> tan werden können, so daß man sich entscheiden kann,
> welches von ihnen man tun will, da man nicht mit
> Notwendigkeit an eines von ihnen gebunden ist: wie
> es etwa für einen Studenten, der in seinem Arbeits-
> zimmer viele Bücher um sich herum hat, gleichgültig
> ist, welches davon – dieses oder jenes – er jetzt lesen
> will, um die restlichen auf sich beruhen zu lassen, wenn
> es nichts gibt, was zur Lektüre des einen statt eines
> anderen drängen kann; oder wie es für einen Mann,
> der mehrere Messer bei sich trägt, gleichgültig ist,
> welches davon er nimmt und verwendet, wenn die
> Gelegenheit es verlangt. [10]

Wie Thomas von Aquin bemerkt, hatte Augustinus festgestellt, »daß, sofern es kein anderes Mittel, zu einer Überein-
kunft zu kommen, geben sollte, das Los entscheiden müsse,
wenn in einer Zeit der Verfolgung die Diener Gottes sich
nicht sollten einigen können, welche von ihnen, damit nicht
alle flüchteten, auf ihrem Posten bleiben, und welche flüchten
sollten, damit nicht alle stürben und die Kirche verlassen
wäre«. [11] Auch Gataker war der Meinung, daß durch Los

entschieden werden solle, wer »sich zurückzuziehen und für bessere Zeiten aufzusparen habe: so daß weder die, die blieben, der Anmaßung verdächtigt, noch die, die umkehrten, der Feigheit für schuldig befunden würden« (S. 66).

Infolge seines Buches geriet Gatakers vielversprechende geistliche Laufbahn in Gefahr – er wurde der Neigung zu Spielen beschuldigt, bei denen dem Zufall eine entscheidende Rolle zukam.[12] Natürlich war dieser Vorwurf unberechtigt, hatte Gataker doch nur eine Technik gutgeheißen, durch Zufallsentscheid eine Wahl zu treffen, wo dies »um des Friedens und der Ruhe willen« wünschenswert sei. Schließlich werde oft ein ganz harmloser Gebrauch von Losen gemacht – etwa, wenn divisorisch Startpositionen für Schwimm- oder Ruderwettkämpfe zugewiesen wurden (Gataker, S. 119). Und wie die Bibel bemerkt: »Das Los stillet den Hader, und scheidet zwischen den Mächtigen.«[13] (Ein modernes Beispiel für das, was Gataker im Sinn hatte, ist folgendes: Als Hawaii als fünfzigster unter die Vereinigten Staaten aufgenommen und einvernehmlich zwei neue Senatoren gewählt wurden, entschied der Senat durch Werfen einer Münze, welcher der beiden das höhere Dienstalter, und durch Ziehen von Karten, welcher die faktisch längere Amtszeit haben sollte.[14])

Das 10. Kapitel, »Von außergewöhnlichen und divinatorischen Losen«, wendet sich leidenschaftlich gegen die Verwendung von Losen »zur Entdeckung vergangener oder gegenwärtiger verborgener Dinge oder zum Vorherwissen und -sagen zukünftiger Ereignisse«, und das sich anschließende Kapitel führt in aller Breite aus, daß solche Praxis im Aberglauben wurzle und ungesetzlich sei. Andere Verwendungen des Losens freilich könnten grundsätzlich angemessen sein.

Gatakers Position ist der von Ciceros *De divinatione* eng verwandt, verläuft gleichsam parallel zu ihr. Cicero hatte in seiner Schrift den Rückgriff auf die Divination, vor allem aus dem Vogelflug, gutgeheißen, allerdings keineswegs deshalb,

weil sie etwa prophetischen Nutzen hätte und tatsächlich
Zukünftiges vorhersagen könnte, sondern weil er sie als eine
Praxis mit einem gewissen sozialen und politischen Nutzen
ansah, da sie die gemeinsame Arbeit und die gemeinschaft-
liche Solidarität fördere.[15] Cicero unterschied zwischen einem
unangemessenen (abergläubischen) Rückgriff auf Zeichen,
Vogelflug und Omina, um informative Prognosen bezüglich
der Zukunft zu stellen, und einem angemessenen Gebrauch
derselben, um in kontroversen Dingen kommunale *Entscheidungen* herbeizuführen. Das letztere, so Cicero, diene der
Bewahrung des öffentlichen Friedens, da es die Autoritäten
von der Last befreien würde, zwischen den Befürwortern und
den Gegnern der jeweiligen Sache wählen zu müssen; ein
Tun, das politisch unklug gewesen wäre, würde so »den
Göttern in den Schoß gelegt«.

Um der Fairneß und Unparteilichkeit willen möchten die
Menschen die Gewißheit haben, daß das Treffen offizieller
Entscheidungen nicht durch allzu menschliche Wünsche und
Vorlieben beeinflußt wird, und das Losen ist natürlich ein
gangbarer Weg, dieses Ziel zu erreichen. In diesem Sinne
wollte Gataker an seinem Grundsatz festhalten, daß am Losen
per se nichts Ketzerisches oder Unmoralisches sei. In Dingen
des menschlichen Lebens möchten wir manchmal, daß etwas
zufällig, nicht etwa aufgrund von Absicht oder Planung geschieht, und das Losen ist einfach nur ein Weg, uns dieser
Neutralität zu versichern.

Gleichwohl geriet Gataker im letzten Drittel seines Trak-
tats in gefährlichere Gefilde, indem er behauptete, daß Spiele,
bei denen der Zufall entscheide, als harmloser Zeitvertreib
gelten könnten und sollten. Spielen könne nicht nur unrecht-
mäßig, sondern auch rechtmäßig, nämlich zur Zerstreuung
und Erholung betrieben werden (S. 194):

Es ist freilich eines, zu würfeln oder Karten zu spielen,
und ein anderes, ein Würfel- oder Kartenspieler zu sein
– ebenso, wie es eines ist, Wein zu trinken, und ein anderes, ein Weintrinker oder, wie wir zu sagen pflegen,
ein Weinsäufer zu sein. (S. 229)

Wenn sichergestellt wäre, daß die Menschen wegen solcher
Zerstreuungen nicht ihren Beruf vernachlässigen und auch
nicht um Geld spielen, würde kein Schaden entstehen. »Das
Spielen sollte als Spiel betrieben werden: zum Vergnügen,
nicht zum Verdienen« (S. 251). Zweifellos war es dieser Teil
seiner Erörterung, der Gataker bei seinen gottesfürchtigen
Kritikern in Schwierigkeiten brachte.

Die Tatsache, daß Gataker sich gegen den Vorwurf, das
Glücksspiel zu fördern, verteidigen mußte, bezeugt die wachsende Sorge, die das Spielen bereitete. Religiöse Menschen -
betrachten diese Tätigkeit nicht nur als Manifestation einer
letztlich privaten Dummheit und Zeitverschwendung, sondern
auch als Form der Unmoral, ja der Gottlosigkeit, weil dabei auf
den Gebrauch der gottgegebenen Vernunft verzichtet und eine
Entscheidung auf die Vermittlung des Zufalls oder des Schicksals gegründet würde.[16] In der Tat hat es etwas Gottloses anzunehmen, daß irgendwelche »zufälligen« Begebenheiten möglich sein könnten. Nur aus unserer menschlichen Perspektive
gibt es überhaupt »zufällige Ereignisse« – ein allwissender Gott
verliert weder den Flug von Spatzen noch den Fall einer
Münze aus dem Auge. Trotz seiner Behauptung, daß dem
Zufall eine nützliche Rolle als Instanz zukomme, die strittige
Angelegenheiten klären könne, war sich Gataker mit seinen
theologischen Kritikern darin einig, daß Gott nicht würfelte.

Eine ganz andere und weit vorteilhaftere Ansicht vom
Spiel und seiner Analogie zum Leben wurde von einem be-
deutenden spanischen Moralisten vertreten, ein Zeitgenosse
von Gataker. Baltasar de Gracián y Morales (1601-1658) war

Theologe und Philosoph, in Toledo erzogen und seit seinem achtzehnten Lebensjahr Mitglied des Jesuitenordens. Er veröffentlichte seine Bücher unter dem Pseudonym Lorenzo Gracián, um sich nicht persönlich der Ablehnung seiner Erörterungen, die für einen Priester verhältnismäßig weltlich waren, durch die kirchlichen Autoritäten auszusetzen.

Graciáns *Hand-Orakel* (*Oráculo manual y arte de prudencia*), das erstmals im Jahre 1647 erschien, war eine Folge von dreihundert, jeweils von einem kurzen Kommentar begleiteten Anweisungen, die die Leitlinien für kluges Handeln zogen. Das Buch erfreute sich großer Popularität, wurde von La Rochefoucauld nachgeahmt und von Schopenhauer bewundert und ins Deutsche übersetzt.[17] Gracián verglich in diesem Werk die Situation des Menschen mit einem Kartenspiel und formulierte auf dieser Grundlage praktische Anweisungen:

Das Schicksal mischt die Karten, wie und wann es will. [196]

Die Unglückstage kennen: denn es giebt dergleichen: an solchen geht nichts gut, und ändert sich auch das Spiel, doch nicht das Misgeschick. Auf zwei Würfen muß man die Probe gemacht haben und sich zurückziehen, je nachdem man merkt ob man seinen Tag hat, oder nicht. [139]

Im Glück aufs Unglück bedacht seyn. Es ist eine gute Vorsorge, für den Winter im Sommer und mit mehr Bequemlichkeit den Vorrath zu sammeln. Zur Zeit des Glücks ist die Gunst wohlfeil und Ueberfluß an Freundschaften. Es ist gut sie zu bewahren für die Zeit des Mißgeschicks, als welche eine sehr theuere und von allem sehr entblößte ist. [112]

Es giebt Regeln für das Glück: denn für den Klugen ist nicht alles Zufall. Die Bemühung kann dem Glücke nachhelfen. [21]

Die feinste Kunst beim Spiel besteht im richtigen
Ekartiren: und die kleinste Karte der Farbe die jetzt
Trumpf ist, ist wichtiger, als die größte derjenigen, die
es vorher war.

Vom Glücke beim Gewinnen scheiden: so machen es alle
Spieler von Ruf. Ein schöner Rückzug ist eben so viel
werth, als ein kühner Angriff. [38]

Zu nichts zu taugen, ist ein großes Unglück; ein noch
größres aber zu Allem taugen zu wollen [85].[18]

In dieser Analogie der Lebensführung zum Kartenspielen
interpretierte Gracián die Richtlinien für ein gutes Kartenver-
ständnis als Prinzipien für das Leben. Nach seinem Verständnis
sind sowohl das Leben als auch das Kartenspielen Glücksspiele
und die Richtlinien für erfolgreiches Handeln in beiden Zusammenhängen grundsätzlich verwandt. Was Gracián erkannte und deutlich machte, ist die Tatsache, daß der gute Kartenspieler nicht notwendig der ist, der am häufigsten gewinnt.
(Das würde zu sehr vom Glück abhängen.) Es ist vielmehr der,
der aus den Karten, die er in die Hand bekommen hat, das
Beste zu machen versteht – hier wird die tiefe Analogie zum
Leben sichtbar. Die Frage ist natürlich, was wir aus den Gelegenheiten machen, die der Zufall und die Umstände uns
zuführen.

Graciáns Perspektive fand unter seinen Landsleuten viel
Zustimmung. Spielen war lange Zeit ein wichtiger Bestand-
teil des spanischen Lebens. (Die *Lotería Nacional,* die von
Carlos III. im Jahre 1763 etabliert wurde, ist die älteste noch
heute existierende nationale Lotterie.) Offizielle Schätzungen
besagen, daß das Geld, das gegenwärtig im Durchschnitt ins
Glücksspiel investiert wird, etwa fünfzehn Prozent des Fami-
lieneinkommens ausmacht; in dieser Hinsicht nimmt Spanien
eine Spitzenstellung in der Welt ein.[19] Die Spanier tendierten
lange dazu, das Spielen nicht als menschliche Schwäche oder

Sünde, sondern als reelle Möglichkeit, die eigenen Lebensumstände zu verbessern, anzusehen.

Die Perspektiven, die Gracián in seinem Buch aufzeigte,
waren daher von bedeutendem Einfluß auf die spanische
Philosophie, die lange der nordeuropäischen Tendenz, das
menschliche Leben zu rationalisieren, widerstand. Es gibt aber
noch mehr gute Gründe dafür, nichts Überraschendes darin zu
sehen. Denn während die große Linie der westlichen Philosophie sich bemüht hat, unser Verständnis der Welt in der
intelligiblen Ordnung eines rationalen Systems zu verankern,
haben die spanischen Philosophen der gegenscholastischen
Tradition die Welt im allgemeinen als ungewisse, unvorhersagbare und unverläßliche Voraussetzung des menschlichen
Lebens betrachtet. Ihre Position ist, grob umrissen, die folgende: Die Natur und wir Menschen haben uns zusammengetan,
um eine diffizile und schwer zu bearbeitende Umwelt hervorzubringen. Die spanische Philosophie tendiert dazu, die Vernunft dort zu lassen, wo sie hingehört. Sie neigt dazu, die
Wirklichkeit oder zumindest jenen Teil derselben, der die
Grundlage des menschlichen Lebens bildet, als chaotisch, in-
kohärent und von Unordnung durchzogen anzusehen. Das
Leben ist gefährlich. In all unserem Tun und Lassen können
wir niemals darauf zählen, daß die Dinge »ganz nach Plan«
verlaufen. Zwar können Planung, Um- und Vorsicht und
dergleichen zweifellos dazu beitragen, den Pfad des Lebens
weniger steinig zu machen, aber sie reichen bei weitem nicht
aus, uns befriedigende Resultate unserer Anstrengungen zu
sichern. Zufall und Glück – mit einem Wort, das Schicksal –
spielen eine dominante und nicht eliminierbare Rolle im
menschlichen Leben. Wir sind Spielbälle des Schicksals. Wir
haben keine Macht darüber, was bei unseren Anstrengungen
herauskommt: unabänderlich spielt das Schicksal (der Zufall,
die Kontingenz, das Glück) die entscheidende Rolle.

Gleichwohl führte diese Schicksalsgläubigkeit die Spanier

nicht zum Extrem eines unchristlichen Fatalismus. Zu einer
Billigung von Untätigkeit, zu Lethargie und träger Ergebung
ins Unvermeidliche ließen sie sich nicht hinreißen. Aus ihrer
Sicht der Dinge ist Aktivität gefordert, weil unsere Taten dem
Glück den Weg bereiten: wer nicht spielt, der nicht gewinnt.
In gewissem – wenn auch sehr begrenztem – Maße sind die
Menschen die Begründer ihres eigenen Schicksals. Mag das
Schicksal auch entscheiden – es ist der Mensch, der die Ein-
sätze tätigt.

Die wechselhafte und unvorhersagbare Natur der menschlichen Situation hat zur Folge, daß Flexibilität und An-
passungsfähigkeit sich zu menschlichen Primärtugenden entwickelt haben. Die Menschen müssen notwendigerweise
vielseitig sein – imstande, sich den wechselnden Umständen
anzupassen. Wie ein guter Schauspieler muß ein erfolgreicher
Mensch sehr verschiedene Rollen spielen können. (Die spanische Literatur kennt das einflußreiche Modell des chamäleon-
artigen »picaro« – eines Menschen, der es fertigbringt, sich
den Erfordernissen des Augenblicks anzupassen und für jeden
ein anderer zu sein.)

Auf dieser Basis betrachteten die spanischen Antischola-
stiker seit den Tagen Graciáns Vielseitigkeit und Anpassungs-
gabe als wesentliche Aspekte der Klugheit. Menschen, deren
Leben zu geordnet ist – die sich zu sehr auf die Regelhaftigkeit eines etablierten Systems verlassen –, setzen sich dadurch
der Gefahr einer Katastrophe aus. Der Weise hingegen ist so
klug, die Flexibilität auszubilden, sich schwierigen und immer wieder wechselnden Bedingungen anzupassen. Er will es
dem Abbé Sieyès, einem politischen Theoretiker aus der Zeit
der Französischen Revolution, gleichtun, der auf die Frage
nach seinen Aktivitäten in den Hochzeiten Robespierres und
des Terrors antwortete: »J'ai vécu« (ich habe gelebt).

Die spanischen Philosophen nahmen die große Bedeutung, die das Schicksal für das menschliche Leben hat, zum

Anlaß, auf die Grenzen der menschlichen Macht hinzuweisen, und schufen so die Voraussetzungen für eine zutiefst pessimistische Einschätzung der Macht, die der menschlichen Vernunft beschieden ist. Diese Einstellung ist nicht nur bei den großen Gestalten des Goldenen Zeitalters der spanischen Literatur, die – vor allem Quevedo und Calderón – mehr oder minder Zeitgenossen Graciáns waren, deutlich zu erkennen, sondern auch bei späteren wie Unamuno, der darauf bestand, daß die menschliche Vernunft nicht zum Lebensführer tauge, und Ortega y Gasset, der von der Nützlichkeit der wissenschaftlichen Vernunft als Lenker des menschlichen Geschicks nichts wissen wollte. Die Vorstellung, daß das Leben zu sehr vom Zufall abhängt, als mit rationalen Mitteln gemeistert werden zu können, durchzieht leitmotivisch die Geschichte des spanischen Denkens. Graciáns Empfehlung, im Leben die Perspektive des Spielers einzunehmen, fiel unter den Menschen einer Gesellschaft, die sich zur Kultivierung aller Möglichkeiten von Glück motiviert fühlten, auf fruchtbaren Boden.

Ein Aspekt des Graciánschen Denkens zeigt das Leben als Spiel, und diese Figur wurde von dem französischen Wissenschaftler und Polyhistor Blaise Pascal (1623-1662) aufgenommen und ins Extrem getrieben. Als Pascal im Alter von nur neununddreißig Jahren starb, hatte er schon eine stattliche Anzahl von Beiträgen zur Mathematik, Physik, Philosophie und Theologie hervorgebracht.[20] Seine *Pensées* waren eine Sammlung kurzer Notizen und Entwürfe, die er zwischen 1657 und 1662 als Vorbereitung für die Abfassung einer *Apologie der christlichen Religion* niedergeschrieben hatte. Pascal war der Ansicht, daß der Zufall das ganze Leben durchzieht:

> Jeder grübelt, wie er sich seiner Lage entziehen kann,
> die Wahl dieser Lage aber und des Vaterlandes bewirkt
> das Schicksal.

> Traurig ist es, so viel Türken, Ketzer, Ungläubige zu
> sehen, die nur deshalb dem Weg ihrer Väter folgen,
> weil jeder voreingenommen glaubt, der sei der beste;
> und das ist es, was jeden zu jeder Lage bestimmt:
> Schlosser, Soldaten und so weiter [Nr. 98][21]

Wechsel- und Launenhaftigkeit durchziehen das menschliche
Leben. »Diesseits der Pyrenäen Wahrheit, jenseits Irrtum.«
(Nr. 294) Indem wir unser Leben leben, »versuchen wir unser
Glück« – und das gilt auch für das nächste Leben.

Auf zwei Blättern seiner recht willkürlichen Sammlung hat
Pascal seine berühmte Wette zugunsten des religiösen Lebens
dargestellt. Sie war an frühere vornehme Freunde wie den
cleveren, aber etwas zwielichtigen Chevalier de Méré, einen
typischen Libertin, adressiert: »einen brillanten Gesprächspart-
ner, furchtlosen Freidenker und unverbesserlichen Spieler«.[22]
Das Argument der Wette lautet wie folgt:

> Da die Wahrscheinlichkeit für Gewinn und Verlust
> gleich groß ist, könnte man den Einsatz noch wagen,
> wenn es nur zwei für ein Leben zu gewinnen gibt. Gibt
> es aber drei zu gewinnen, dann muß man, denn Sie
> sind ja gezwungen zu setzen, das Spiel annehmen; Sie
> würden unklug handeln, wenn Sie, da Sie einmal spie-
> len müssen, Ihr Leben nicht einsetzen wollten, um es
> dreifach in einem Spiel zu gewinnen, wo die Chance
> für Gewinn und Verlust gleich groß ist. Es gibt aber ei-
> ne Ewigkeit an Leben und Glück zu gewinnen; und da
> das so ist, würden Sie, wenn unter einer Unendlichkeit
> von Fällen nur ein Gewinn für Sie im Spiel läge, noch
> recht haben, eins gegen zwei zu setzen, und Sie würden
> falsch handeln, wenn Sie sich, da Sie notwendig spielen
> müssen, weigern wollten, wenn es unendliche und un-
> endlich glückliche Leben zu gewinnen gibt, ein Leben

für drei in einem Spiel zu wagen, wo es unter einer Unendlichkeit von Fällen einen Gewinn gibt. Es gibt aber hier unendlich viele, unendlich glückliche Leben zu gewinnen, die Wahrscheinlichkeit des Gewinns steht einer endlichen Zahl der Wahrscheinlichkeit des Verlustes gegenüber, und was Sie ins Spiel einbringen, ist endlich. Das hebt jede Teilung auf: Überall, wo das Unendliche ist und keine unendlich große Wahrscheinlichkeit des Verlustes der des Gewinns gegenübersteht, gibt es nichts abzuwägen, muß man alles bringen. [Nr. 233][23]

Da er das Ausmaß erkannte, in dem das Glücksspiel unter seinen weltlichen Landsleuten in Mode gekommen war, sann Pascal auf ein geniales System, mit dem er aus diesem Phänomen für apologetische Zwecke Kapital schlagen könnte. Dieser Zweck sollte mit einer avancierten intellektuellen Technik erreicht werden, welche die Maschinerie mathematischer Erwartungen in Gang setzen konnte; das stellt Pascals bleibenden Beitrag zur Entwicklung der Wahrscheinlichkeitstheorie dar: Eine neue Denkform hatte einen alten Schauplatz der Auseinandersetzung betreten. »Augustinus erkannte, daß man auf Seefahrten und in Schlachten sich um Unsicheres bemüht, aber hat nicht die Regel der Teilung gekannt, aus der folgt, daß man es tun muß.« (Nr. 234)

Hier ist nicht der Ort, uns in die Komplexität der Pascalschen Analyse zu vertiefen. Es soll nur festgehalten werden, was die Erörterung der Wette besagt: Wenn ihr spielt, so handelt ihr nach dem vernünftigen Grundsatz, Wettrisiken dadurch einzuschätzen, daß ihr die Gewinnaussichten mit dem Gewinn, den ihr erzielen könntet, konfrontiert. Handelt folgerichtig und tut dasselbe in Dingen der Religion. Ihr werdet dann zugeben müssen, daß, ganz gleich, wie gering ihr die Chancen für die Existenz Gottes einschätzt, der

unendliche Lohn, der den Gläubigen zuteil wird, falls er
existiert, das Spiel der religiösen Bindung wert macht. –
Dieses berühmte Argument Pascals lädt dazu ein, das Leben
aus der Perspektive eines Spielers zu betrachten.

In Pascals Sicht ist unser Leben ein riskantes Spiel. Über-
spitzt lautet dieser Gedanke in seiner Formulierung so:

> D]aß Sie sich überhaupt auf der Welt befinden, ver-
> danken Sie einer Unzahl von Zufällen. [Vous ne vous
> trouvez au monde que par une infinité de hazards.]
> Ihre Geburt hängt von einer Heirat ab oder vielmehr
> von allen Heiraten der Menschen, von denen Sie ab-
> stammen. Wovon aber hängen diese Heiraten ab? Von
> einem zufälligen Besuch, einem belanglosen Gespräch,
> von tausend unvorhergesehenen Umständen.[24]

Sein Werk über das Glücksspiel hat Pascal zu einem der Grün-
dungsväter der mathematischen Wahrscheinlichkeitstheorie
gemacht, erkannten er und seine Mitstreiter doch in wesentlich zufälligen Ereignissen ein gewisses Maß an mathematischer Regelhaftigkeit. Sein Argument der Wette, das sich die
Maschinerie mathematischer Erwartungen zunutze macht,
um die Tolerierbarkeit des Glücksspiels abzuschätzen, war ein
genialer Versuch, von mathematischen Mitteln zum Zweck
religiöser Apologetik Gebrauch zu machen. Pascal markiert
den Punkt des Übergangs, an dem aus der Philosophie des
Zufalls die Mathematik des Zufalls hervorgeht. Mit den Anfängen der Wahrscheinlichkeitstheorie entdeckten Pascal und
seine Geistesverwandten in der Mathematik etwas, das selbst
die klügsten Geister der klassischen Antike als Widerspruch in
sich betrachtet hätten: die Existenz von *Gesetzen des Zufalls*.[25]

Wie diese Skizze erkennen läßt, folgen die Denkansätze der
drei Theoretiker in einer Steigerung aufeinander. Gataker

war es nur um die Verteidigung der religiösen und moralischen Legitimität eines Rückgriffs auf den Zufall gegangen,
um ein begrenztes Spektrum praktischer Fragen zu klären.
Gracián legte in den Grundregeln des Spielens Leitlinien
unseres alltäglichen Lebens frei. Bei Pascal schließlich werden
die Prinzipien eines rationalen Spielens zur Entscheidungs-
grundlage in religiösen Fragen in bezug auf unser Bild von
Gott und vom Leben nach dem Tode.

Auch in der folgenden Generation schenkten die Philosophen dem Glücksspiel ihre Aufmerksamkeit, wofür der
Mathematiker und Philosoph Gottfried Wilhelm Leibniz
(1646-1716) das prominenteste Beispiel ist. Leibniz war es darum zu tun, die Ansicht zu widerlegen, daß es auf der Bühne
der Ereignisse und Vorgänge der Welt irgendeinen Raum für
den Zufall gebe. Seine ideologische Grundüberzeugung war
genau dieselbe wie diejenige Einsteins: Gott würfelt nicht.
Folglich war der »Satz vom zureichenden Grund« einer der
Eckpfeiler der Leibnizschen Philosophie, und immer wieder
insistierte er auf dem »großen Prinzip«, »daß *nichts ohne zureichenden Grund geschieht«*, mit anderen Worten, daß nichts geschieht, für das jemand, der ausreichend Kenntnisse hätte, nicht
einen zureichenden Grund angeben könnte, um somit adäquat
zu begründen, weshalb ein Sachverhalt so ist, wie er ist.[26]

Für Leibniz lag der letzte Grund für die gesamte Ein-
richtung der Welt im Willen Gottes, und hier, in der Sphäre
göttlichen Willens und göttlichen Beschlusses, gab es keinerlei Raum für irgend etwas Zufälliges:

> Hätte der Wille Gottes nicht das Prinzip des Besten zur
> Richtschnur, so wäre er entweder auf das Böse gerich-
> tet, was das Schlimmste wäre, oder er wäre in gewisser
> Weise gegen das Gute und das Böse gleichgültig und
> vom Zufall geleitet: Ein Wille jedoch, der sich immer
> dem Zufall überließe, wäre für die Weltregierung

kaum besser als das zufällige Zusammenwirken der
Atome, ohne daß es irgendeine Gottheit gäbe. Und
selbst wenn Gott sich dem Zufall nur in wenigen
Fällen und in bestimmter Weise überließe (wie es der
Fall sein würde, wenn er nicht immer voll und ganz
dem Besten zustrebte, und wenn er fähig wäre, ein ge-
ringeres Gut einem größeren Gut, das heißt ein Übel
einem Gut vorzuziehen, denn was ein größeres Gut
verhindert, ist ja ein Übel), so würde er ebenso un-
vollkommen sein wie der Gegenstand seiner Wahl; er
würde dann kein volles Vertrauen verdienen; er würde
in einem solchen Fall ohne Grund handeln, und die
Weltregierung würde dann gewissen Kartenspielen
gleichen, bei denen halb der Verstand und halb das
Glück entscheidet.[27]

Leibniz ging also davon aus, daß Gott immer rational vorgehe
und daß eine vernünftige Wahl (per definitionem) gemäß den
Prinzipien der Vernunft vorgehen müsse, ja daß dies für jeden
wirklichen Willensakt gelte:

Unter Dingen, die sich absolut nicht voneinander unterscheiden, gibt es keinerlei Auswahl, und folglich keinerlei Wählen oder Wollen, denn die Auswahl müßte
einen Vernunftgrund oder eine Grundlage haben.
Ein bloßer Wille ohne irgendeinen Beweggrund ist eine
Erfindung im Widerspruch nicht nur zur Vollkommen-
heit Gottes, sondern auch verstiegen und widersprüch-
lich, unvereinbar mit der Definition des Willens.[28]

Natürlich könnten wir Menschen eine vernünftige Selektion
zuweilen durch Zufallsmechanismen wie das Losen erzielen –
aber nur, weil unser unvollkommenes Wissen einer Unkenntnis des Ausgangs der Selektion Raum bietet:

Ich lasse also die Gleichgültigkeit nur im Sinne einer
Zufälligkeit oder *Nicht-Nothwendigkeit* gelten. Ich be-
streite aber, wie ich schon mehrfach erklärt habe, eine
nach beiden Seiten hin große Gleichgültigkeit und meine,
daß man niemals zu einer Wahl kommt, wenn man
völlig gleichgültig ist. Eine solche Wahl würde gewissermaßen ein reiner Zufall ohne einen bestimmten, er-
kennbaren oder verborgenen Grund sein. Ein solcher
reiner Zufall aber, eine solche wirkliche und unbe-
dingte Zufälligkeit ist eine Chimäre, die sich nie in der
Natur findet. Alle Weisen sind einig, daß der reine
Zufall nur ein Schein sei wie das Glück: Nur die
Unkenntnis der Ursachen erzeugt ihn.[29]

Natürlich ist eine solche Selektion keine echte Wahl; für uns
muß, wie für Gott, eine vernünftige Wahl auf Gründen ba-
sieren.

Leibniz hegte ein großes Interesse für das Glücksspiel und
hat die Entwicklung der Wahrscheinlichkeitstheorie gefördert
und auch tätig unterstützt.[30] Er glaubte, daß die Entwicklung
einer formalen Theorie des Glücksspiels für den menschlichen
Intellekt von Nutzen und seinen Fähigkeiten angemessen sei
(insbesondere als rationales Mittel, über unsere intellektuellen
Defizite nachzudenken). Doch wenn man von der *epistemo-
logischen* Reflexion einmal absieht, galt Leibniz' *metaphysische*
Sorge dem Bemühen, allen Überlegungen über Zufall und
Wahrscheinlichkeit in der Ontologie des Wirklichen jeden
Raum zu nehmen. Leibniz zufolge muß die Metaphysik das
Thema aus einer Perspektive der Allwissenheit angehen, und
auf *dieser* Ebene ist kein Raum für Zufall und Wahrscheinlich-
keit, da ein wohlwollender Gott mit der Schöpfung nicht »sein
Spiel treibt«. Die Gegner Gatakers arbeiteten darauf hin, das
Spiel aus England zu verbannen; Leibniz und seine Gefolgs-
leute bemühten sich, es aus der Natur zu verbannen.

Leibniz zufolge kann es nichts von der Art eines realen, ontologisch gegründeten Zufalls in dieser Welt geben, in der alles Geschehen vorprogrammiert ist. Zufall gibt es nur für die Erkenntnis; er entstammt der Unvollkommenheit des menschlichen Wissens. Er kann daher reduziert und, soweit sich das menschliche Wissen erweitern läßt, beseitigt werden. Im Hinblick auf die Anwendbarkeit des Wahrscheinlichkeitskalküls ist der Zufall schließlich sogar manipulierbar.

Die Bemühungen des siebzehnten Jahrhunderts, einen Zufallskalkül zu entwickeln, standen also vor dem Hintergrund der optimistischen Erwartung, daß Glück zur Vernunft domestiziert werden könne. Die Väter der Wahrscheinlichkeitstheorie betrachteten ihn als Richtschnur für eine Taktik des klugen Spiels und diese wiederum, analog dazu, als Richtschnur für eine vernünftige Lebensführung in einer ungewissen Welt. Sie glaubten dementsprechend, daß die vernünftige Domestizierung des Zufalls, die durch den Wahrscheinlichkeitskalkül möglich geworden sei, ihrerseits einen Mechanismus zur vernünftigen Beherrschung des Glücks hervorbringen könnte.

Diese Theoretiker des siebzehnten Jahrhunderts versuchten, das Phänomen des Zufalls aus einer Sphäre des Okkulten in den Bereich des wissenschaftlichen Verstehens zu überführen. Sie unternahmen den hybriden Versuch, den Zufall als Tätigkeit der Vernunft zu fassen und damit den Spielraum des Glücks in einer vom Zufall beherrschten Welt radikal zu beschneiden. Das Terrain, das der Glücksgöttin Fortuna untersteht, sollte für die Göttin des Wissens, Athene, erobert werden.

Ethos der Epoche

Aber womit läßt sich das Interesse der Philosophen am Spiel und am Spielen in den Jahren von 1610 bis 1650 erklären? Die Antwort liegt in der großen Bedeutung, die das Spielen für die zeitgenössischen Gesellschaften Europas hatte und die selbst wiederum weitgehend Folge der unruhigen, von Kriegen geprägten Verhältnisse der Zeit war.[31] Tatsächlich hat das Spielen in Zeiten gesellschaftlicher Unruhe stets besondere Popularität erlangt.

Die turbulente Epoche des Bürgerkriegs in England und des Dreißigjährigen Krieges kennzeichnete eine Spielepidemie, die sich über ganz Europa ausbreitete. Sie kam unter Soldaten und Seeleuten auf, die in langen Perioden erzwungener Untätigkeit fern von den Abwechslungen des zivilen Lebens die Zeit totschlagen mußten. Eine Anekdote aus dem Dreißigjährigen Krieg, die der spanische Glücksritter Alonso de Contreras (1582 bis ca. 1641) erzählt, macht das anschaulich:

> Die Kaperung eines feindlichen Schiffes in türkischen Gewässern hat so große Beute gebracht, daß der Kapitän der siegreichen Galeere zum Vorteil seiner Männer jede Art von Spiel untersagt, ›damit ein jeder als reicher Mann nach Malta zurückkehre‹. Zur Sicherheit läßt er alle an Bord auffindbaren Spielkarten und Würfel ins Meer werfen, woraufhin die Soldaten ein Wettspiel außergewöhnlicher Art erfinden: man zog auf dem Tisch einen Kreis, der das Spielfeld markierte und in dessen Mitte alle Spielenden eine Laus setzten – ein jeder beobachtete alsdann die seinige. Man wettete große Summen, und der Besitzer der Laus, die zuerst aus dem Kreis herauskrabbelte, gewann den ganzen Ein-

satz. ›Als der Kapitän dies gewahr wurde‹, kommentiert
Contreras, ›ließ er die Leute in Gottes Namen spielen;
so groß ist dieses Laster beim Soldaten!‹ Die königliche
Regierung ist ebenso machtlos wie die Hauptleute, der
unmäßigen Spielleidenschaft Grenzen zu setzen; man
bemüht sich höchstens, sie zu reglementieren, indem
man den Gebrauch von Karten und Würfeln nur in den
Wachstuben erlaubt, ›denn wenn die Soldaten aus-
gingen, um anderswo zu spielen, könnten daraus die
größten Unannehmlichkeiten resultieren‹.[32]

Immer wenn das Leben hart, aber nicht viel wert ist – wie es
für die Söldner des siebzehnten Jahrhunderts sicher der Fall
war –, werden Spiel und Glücksspiel zu einer Perspektive,
deren Verlockung der des Trinkens nur wenig nachsteht. Die
militärischen Autoritäten der Epoche bemühten sich vergeblich, das Glücksspiel nicht über das Heer hinaus sich ausbreiten
zu lassen. Alle Versuche, es zu verbieten oder zu beschränken,
hatten jedoch letztlich keinen Erfolg.[33]

Mit den Heeren und Söldnern der Großmächte breitete
sich auch das Glücksspiel in ganz Europa aus, die Spielmanie
griff rasch von den Soldaten auf alle Teile der zivilen Bevölkerung über.

Es erstaunt nicht, daß »casino« (das italienische Diminutiv
für »casa«, Haus) im siebzehnten Jahrhundert zum Namen für
öffentliche Vergnügungsstätten an Örtlichkeiten wurde, an
denen Konzerte, Theateraufführungen und öffentliche Bälle
veranstaltet wurden und an denen es gewöhnlich auch eine
Schenke und eben einen Spielsalon gab. Zunächst erfaßte die
Spielmanie Frankreich, Italien und die Niederlande[34], doch
überschritt sie, im Zuge der Rückkehr des Hofes nach London, der im Exil im Paris des Chevalier de Méré gelebt hatte,
auch den Kanal in Richtung England. Der »Gaming Act« von
1665, »gegen betrügerisch ordnungswidriges und exzessives

Spielen« gerichtet, war der erste Versuch der englischen
Gesetzgebung, das Problem der Spielschulden zu regeln.[35]
(Wer auf Kredit mehr als hundert Pfund gewann, dem wurde
nicht nur untersagt, seinen Gewinn einzutreiben, sondern er
wurde für das Gewinnen selbst bestraft.)

Die anschaulichste Beschreibung, die wir vom Glücksspiel
in dieser Epoche besitzen, stammt von Samuel Pepys. Sie ist
es wert, ausführlich zitiert zu werden:

> Dann traf ich Herrn Brisband und hatte Lust, dem
> Glücksspiel zuzusehen und Brisband ging mit. Um 8
> Uhr begannen sie, und man konnte beobachten, wie
> verschieden es jeder aufnahm, wenn er verlor: einer
> schwur und fluchte, der andere brummelte nur vor sich
> hin, ein dritter zeigte überhaupt kein Mißvergnügen.
> Und dann zu sehen, wie der Würfel in der einen Hand
> eine halbe Stunde Glück bringt, und ein anderer hat
> überhaupt keins; wie leicht 100 Pfund hier gewonnen
> und verloren sind; wie ein paar Herren betrunken
> hereinkommen und ihren Geldvorrat zusammenlegen,
> einer zweiundzwanzig Stück, der zweite vier, der dritte
> fünf Goldstücke. Dann spielen sie und vergessen,
> wieviel jeder gebracht hat und der mit den zweiund-
> zwanzig meint, er habe dasselbe gebracht, wie die an-
> deren. Dann die verschiedene Art der Spieler, um ihr
> Glück zu wenden, wie umständlich sie frische Würfel
> begehren oder die Art des Werfens ändern; alte Spieler,
> die nun nichts mehr auszugeben haben, kommen und
> schauen zu, wie Herr Lewis Dives, der seinerzeit ein
> großer Spieler war. Ihr vergebliches Fluchen und Ver-
> dammen zu hören, wenn einer sieben werfen will und
> nicht kann; wie Leute aus den besten Ständen hier
> sitzen und mit gewöhnlichen Leuten spielen, die
> herkommen und 100 bis 300 Guineen ausgeben. Und

schließlich, wie der Spielhalter bei allen Streitereien
der Richter ist, wie seine Untergebenen auf ehrliches
Spiel auf allen Tischen halten und neue Würfel heraus-
geben, ist ein Anblick, den ich nicht für möglich hielte,
hätte ich es nicht gesehen. Hübsch war es, als einer
rasch gewann. Ich glaube, er gewann 100 Pfund. Während ihn alles beneidete, fluchte er und sagte: Krieg die
Pocken, daß es so früh kam; in zwei Stunden hätte ich
es brauchen können. So gemein und verrückt unterhält
man sich. Ich wollte aber nicht setzen, obwohl Bris-
band mir sehr zusetzte und mich reizte mit der Behauptung, daß nie einer zuerst verlöre, denn der Teufel
sei zu schlau, um einen Spieler zu entmutigen; auch
bot er mir zehn Goldstücke an, aber ich lehnte ab, ging
fort und war zwischen 9 und 10 Uhr zu Hause.[36]

Unter der Regentschaft Karls II. gab es am Hof eine regelrech-
te Spielwut, und die Tatsache, daß das Spielen in Mode war,
beschleunigte seine Ausbreitung in Stadt und Land. Pepys war
schockiert, als er erfuhr, daß am Hof nicht einmal der Sonntag'
mehr respektiert wurde. Am 17. Februar 1666 schreibt er:
»Abends sah ich in White Hall die Königin, die Herzogin von
York und zwei andere beim Kartenspielen trotz des Sonntags,
was ich vor kurzer Zeit meinem Vetter rundweg abgestritten
hatte.«
Tatsächlich standen hier die Frauen an vorderster Front der
Mode. Am 14. Februar 1667 bemerkt Pepys: »Lady Castlemai-
ne soll eine so tolle Spielerin sein, daß sie in einer Nacht 15000
Pfund gewann und in einer anderen Nacht 25000 Pfund verlor und setzte immer 1000 bis 1500 Pfund auf einmal.« Die
Nichte des Kardinals Mazarin, die nach England übersiedelte
und eine Favoritin Karls II. wurde, war eine maßlose Spielerin. Sie gewann gegen Nell Gwyn in einer Nacht 1400
Guineen und gegen die Herzogin von Portsmouth mehr als

8000 Pfund, »wobei sie ihre ganze Verschlagenheit ausspielte und unabhängig von ihrem Gewinn in höchstem Maße befriedigt war, da sie über zwei Frauen obsiegt hatte, die ihre Rivalinnen um die Gunst des Königs waren«.[37]

Theoretisch hätte der Wahrscheinlichkeitskalkül auch auf anderem Wege gefunden werden können – etwa bei der Begründung des Versicherungswesens oder bei der Errechnung exakter mathematischer Daten für die Frage, was im Rahmen der gesetzlichen Regelung von Erbschaftsangelegenheiten von der Zukunft zu erwarten sei.[38] Doch kam der tatsächliche Anstoß vom Glücksspiel.

Wie aber im siebzehnten Jahrhundert Spiel und Glücksspiel sich zunächst unter den Söldnern ganz Europas ausbreiteten, um schließlich die gesamte Bevölkerung zu erfassen, so zog das Glücksspiel erst die Aufmerksamkeit derer auf sich, die beim Militär für die Aufrechterhaltung von Disziplin und Ordnung zu sorgen hatten, um dann recht bald die Philosophen und Moralisten und schließlich auch die Mathematiker zu interessieren. Im Geflecht der historischen Ursachen und Wirkungen kann der mathematische Wahrscheinlichkeitskalkül bis zur Spielmanie der Soldaten des Dreißigjährigen Krieges zurückverfolgt werden.

Dieser Zusammenhang der Ereignisse birgt eine lehrreiche Symbolik. Die Hingabe an Spiel und Glücksspiel illustriert beispielhaft die irrationale Seite der menschlichen Natur, sofern es zwar erregend sein mag, hart erarbeitetes Geld beim Würfel- oder Kartenspiel aufs Spiel zu setzen, dies aber zugleich bedeutet, das eigene Schicksal wissentlich und aus freien Stücken Umständen auszuliefern, über die man keinerlei Kontrolle hat.

Das überwältigende Vertrauen, das die Philosophen des siebzehnten Jahrhunderts – darunter Hobbes, Descartes, Spinoza und Leibniz – in die Macht der Vernunft setzten, die Lebensbedingungen des Menschen zu verbessern, wird durch

die Erfindung eines »Zufallskalküls«, der die Fähigkeit der
Vernunft unter Beweis stellt, im Herzen seines mächtigsten
Feindes, in der Sphäre von Zufall und Kontingenz, einen
Stützpunkt zu errichten, noch einmal symbolisch zum Ausdruck gebracht. Die zeitgenössischen Philosophen betrachteten den Ursprung des Wahrscheinlichkeitskalküls als äußerst
ermutigendes Anzeichen dafür, daß die menschliche Vernunft
imstande sei, der launenhaften, unkontrollierbaren Umstände
Herr zu werden.

Leider haben enttäuschende Erfahrungen diese optimisti-
sche Vision widerlegt. Denn damit der Wahrscheinlichkeitskalkül angewandt werden kann, muß zunächst das Spektrum
der Möglichkeiten erkundet werden – nur so erhält man Sta-
tistiken, die zu Wahrscheinlichkeitswerten als Grundlagen für
die kalkülgestützten Berechnungen führen können. Auf einem Gebiet jedoch, auf dem das Neue und die Überraschung
vorherrschen, kann diese wesentliche Vorbedingung nicht
erfüllt werden. Zweifellos repräsentiert die Wahrscheinlichkeitstheorie unsere gelungenste Anstrengung, Glück zu rationalisieren, doch solange es unsicher ist, in welcher Situation
man sich jeweils befindet, und weitgehend unbekannt, welche
Möglichkeiten man hat, kann der Wahrscheinlichkeitskalkül
nicht effizient funktionieren.

Die Rationalisierung des Glücks kann nur in sehr beschränktem Maße Wirklichkeit werden. In dieser Hinsicht
waren die Philosophen des siebzehnten Jahrhunderts entschieden zu optimistisch. Mag die Wahrscheinlichkeitstheorie
beim Glücksspiel mit seinen im voraus festgelegten formalen
Strukturen gute Anhaltspunkte geben, so ist sie als Führerin
durch die wechselhafteren Umstände des Lebens nur von begrenztem Nutzen. Die Analogie zwischen dem Leben und
dem Glücksspiel hat ihre Grenzen, da wir das Leben nicht
nach festgelegten Regeln spielen. Hier rückt nun die moralische Dimension der Sache in den Blick.[39]

7. Die Träumereien der Moralisten

Aufgrund seiner Zufälligkeit ist das Glück nicht gerecht

Kann ein Mensch alle seine Erfolge durch bloßes Glück erreichen? In der Theorie ist das sicher möglich. Es ist aber auch sehr unwahrscheinlich. Die Welt, wie die Erfahrung sie uns zeigt, ist nicht verbraucherfreundlich; nicht jede beliebige Art von Handlung – wohlüberlegt oder unbekümmert, unvorsichtig oder umsichtig – wird zu einem guten Ergebnis führen. Zwar kann eine Sache manchmal trotz Unüberlegtheit und Inkompetenz gelingen, doch sollte man sich darauf nicht verlassen, sein Glück nicht nötigen. Neid und Ärger sind natürliche, wenn auch beklagenswerte menschliche Reaktionen auf das Glück anderer. Schließlich gibt es keinen guten Grund dafür, daß sie mit *ihrem* Lotterielos den Gewinn ziehen und nicht wir mit *unserem*. Selbst wenn wir so beherrscht sind, daß wir Neidgefühle unterdrücken, kann auch derjenige, der am vernünftigsten und realistischsten denkt, nicht ganz sein Bedauern darüber unterdrücken, nicht in einer gerechten Welt zu leben, in der Verdienst und Schicksal einander entsprechen.

Spinoza meinte, daß rational denkende Menschen sich mit der Unbill der Welt arrangieren würden, wenn es ihnen möglich wäre, diese als Effekt einer unerbittlichen Zwangsläufigkeit zu betrachten. Doch warum soll in der Ordnung der Dinge eine Sache zwangsläufig und unvermeidlich sein? (Warum wäre es ein Unglück für die Welt, »wenn ich einmal reich wär«, wie der Protagonist in *Anatevka* fragt?)

Anders als die Notwendigkeit läßt der bloße Zufall
vernünftigen Klagen über die Undurchschaubarkeit der Welt
grundsätzlich keinen Raum. Ist etwas zufällig, dann kann man
vernünftigerweise keine *weiteren* Gründe für das Geschehen
erwarten. Läßt sich ein Ereignis mit Zufall oder Glück erklären, dann sind damit alle *vernünftigen* Forderungen befriedigt. Ein zufälliges Ereignis, das einen tieferen Grund hätte,
wäre aus eben diesem Grund kein zufälliges.

Verdienen die Menschen, was das Schicksal ihnen beschert? Haben sie es »kommen sehen«, wenn eine Sache für sie
gut oder schlecht ausgeht? Wenn ein Ereignis der gerechte
Lohn für das gute Handeln einer Person ist oder die gerechte
Strafe für das schlechte, lautet die Antwort natürlich ja. Doch
verhält es sich nur allzuoft anders. Lesage (1668-1747) trägt
uns in seinem Roman *Gil Blas* für den Fall einer schlechten
Erfahrung auf: »Schau dich selbst an, und du wirst immer zu
dem Ergebnis kommen, daß es zumindest teilweise auf deinen
eigenen Fehler zurückzuführen ist.« Das zwanzigste Jahrhundert mit seinen Weltkriegen und Genoziden hat den Zynis-
mus dieses Gedankens hervorgekehrt.

Beispiele für ein unverdientes Unglück, das einen guten
Menschen trifft, oder umgekehrt, finden sich alltäglich in
jeder Zeitung. Glück und Unglück treffen nicht immer die,
die es verdienen. Die Indianer Perus beispielsweise hatten
nichts getan, um sich die Katastrophe zuzuziehen, die die
Ankunft der Konquistadoren über sie brachte; es war ein Unglück für sie.

Zufall verteilt die guten Dinge dieser Welt (etwa Reichtum, gutes Aussehen, musikalische Begabung) auf entschieden
ungleiche Art und Weise. Wer auf extreme Weise unter- oder
überprivilegiert ist, hat buchstäblich Glück oder Pech gehabt.
Denn im allgemeinen ist es weder auf einen Vorzug oder
Mangel des Individuums zurückzuführen, noch begeht dieses
spezifische Fehler, die ihm Privilegien zuführt oder entzieht.

Wo Glück einwirkt, ist die Unterscheidung von gerecht und ungerecht einfach unangebracht. Man kann ebensowenig auf gerechte oder ungerechte Weise Glück haben wie auf kluge oder unkluge Weise. Dann wäre es keine Sache des Glücks. Glück ist etwas Zufälliges, und der Zufall schließt Erklärungen dieser Art per definitionem aus. Jemand kann es verdienen, Glück zu haben, aber er wird es nie haben, *weil* er es verdient.

Das Zufällige ist ganz ohne Sinn und Verstand. Natürlich ist die Vorstellung, daß die Götter sich durch das Zufällige mitteilen, daß das Ziehen von Losen oder Strohhalmen die Entscheidung offenbare, die in einer kosmischen Ordnung der Dinge begründet liege, seit der Antike immer geläufig gewesen[1]: es ist die Vorstellung, daß sich in Geschehnissen ein göttlicher Plan offenbare. Die instinktive Abneigung der Menschen zuzugestehen, daß verhängnisvolle Entwicklungen auf reinen Zufall zurückzuführen sein können, nimmt sie gegen das Irrationale als solches ein und führt zu der abergläubischen Annahme, daß hinter dem Wirken »scheinbaren« Zufalls Vernunft stecke.

Wir werden der Realität des menschlichen Lebens nicht gerecht, wenn wir unterstellen, daß den Menschen das Schicksal zuteil wird, das sie verdienen. Die Geschichte der Menschheit hat maßloses unverdientes Leid und die grausamste und ungerechteste Behandlung von Menschen durch bestimmte Umstände und durch andere gesehen. Nur ausnahmsweise besteht ein Zusammenhang zwischen Anspruch und Möglichkeit unserer Existenz einerseits und ihrer Wirklichkeit andererseits. Im Phänomen des Glücks zeigt sich dieser vielleicht tragischer, gleichwohl charakteristische Zug der conditio humana deutlich.

Politische Ökonomie des Glücks
und die Frage der Kompensation

E s geht nicht gerecht zu in der Welt. Der eine übt Macht aus, der andere muß im politischen Untergrund leben, und im allgemeinen hat keines der beiden Extreme einen zwingenden Grund. Wo es um das Wirken des Glücks geht, muß der Gerechtigkeitssinn enttäuscht werden. Es gibt kein Anrecht auf Glück. Wenn jemand vom Unglück getroffen wird und dies wirklich rein zufällig, dann verdient der Unglückliche natürlich unsere Sympathie und Rücksicht. Aber verdient er auch unsere Hilfe? Die Ungerechtigkeit des Glücks läßt uns natürlich an Kompensation denken. Muß nicht menschliches Intervenieren die Gerechtigkeit wiederherstellen, wo der Zufall sie beseitigt hat? In welchem Maße muß die Gesellschaft für die Launen des Glücks und deren Auswirkungen auf ihre Mitglieder einstehen?[2]

In manchen Fällen ist eine Korrektur offenbar möglich und vielleicht auch wünschenswert. Reiche Gesellschaften entschädigen häufig die Opfer »höherer Gewalt« (wie Überschwemmungen, Wirbelstürme, Erdbeben) und manchmal auch die Opfer von Unruhen, Kriegen, Kriminalität und ähnlichem mehr. Aber eine solche Kompensation hat natürlich Grenzen – zum einen läßt sie die Verluste jener unberücksichtigt, die aus freiem Willen unnötige Risiken eingehen, zum anderen erscheint sie, wenn etwa besondere Steuern auf Glücksgewinne erhoben werden, als ein Versuch, die ganze Gesellschaft vom Glück des einzelnen profitieren zu lassen. Auch hier gibt es vernünftige Grenzen. Man wird kaum den Studenten belangen, der das Glück hatte, an der Universität seiner Wahl immatrikuliert zu werden. Dennoch bleibt die Frage, wo denn jene Grenzen liegen.

Ein bekannter Ethiker hat gesagt, daß in einer gerechten

Sozialordnung die Ungleichheiten der Geburt und Herkunft in verschiedenen Hinsichten korrigiert würden: »Da nun Ungleichheiten der Geburt und der natürlichen Gaben unverdient sind, müssen sie irgendwie ausgeglichen werden.«[3] Und zwar vermutlich eher durch die Verbesserung des Schicksals der Unglücklichen als durch die umgekehrte Angleichung des Schicksals der Glücklichen an jenes. Sozialstaatliche Gesellschaften gehen einige Schritte in diese Richtung. Aber wie kann man Kinder für die Gleichgültigkeit oder Unfähigkeit ihrer Eltern entschädigen? Und wollen wir auch Menschen für ihren Mangel an gutem Aussehen, Begabung und Ehrgeiz entschädigen?

Es mag gute pragmatische Gründe dafür geben, daß eine reiche Gesellschaft im Rahmen des Machbaren die Opfer gesellschaftlich oder natürlich bedingten Unglücks entschädigen sollte. Hier spielen natürlich auch sozialpolitische Überlegungen eine Rolle. Leitendes Prinzip sollte sein, (1) daß die betroffene Person einen individuell unvorhersehbaren, wenn auch statistisch vorhersagbaren Verlust erlitten hat, (2) daß das Opfer diesen Verlust erlitten hat, ohne dafür in nennenswertem Maß persönlich verantwortlich zu sein, weil das Ereignis außerhalb seiner tatsächlichen Kontrolle lag, und (3) daß ein bedeutendes allgemeines Interesse betroffen ist.

Es bleibt die Tatsache bestehen, daß Kompensation – selbst in der Theorie – nur in begrenztem Maß möglich ist. Die komplexen und weitreichenden Auswirkungen, die das Glück auf das menschliche Leben hat, schließen seine wirksame Manipulation aus. Wir können seinem Wirken, indem wir versuchen, Menschen für ihr Unglück zu entschädigen, sogar einen noch größeren Spielraum verschaffen. Denn welche Form der Entschädigung man auch wählt – Geld, Privilegien –, es bleibt die Tatsache bestehen, daß manche Menschen in einer weit besseren Position sind, sie zu nutzen, als andere, so daß das Glück, das wir auf der einen Seite austreiben, sich auf der anderen wieder einstellt.

Angesichts der ungeheuren Vielfalt der Formen, in denen Menschen von Glück und Unglück getroffen werden können, gibt es einfach keine praktikable Möglichkeit, sie für ihr Unglück zu entschädigen. Und wollen wir den Zufall überhaupt ausschalten? Es wäre ein Versuch, die Bedingungen des gesellschaftlichen Lebens zu verändern. Ist die Gesellschaft berufen, die Menschen für die unzähligen negativen Dinge zu entschädigen, die der pure Zufall ihnen beschert: Erkältungen, verpaßte Anschlußflüge, Einbruchdiebstähle oder das Ende einer Liebschaft? Nicht jeder würde derartige Entschädigungen begrüßen, sondern sich eher verwaltet und bevormundet fühlen.

Während die Sozialutopisten die Ungerechtigkeit von Schicksal und Glück gerne kompensieren würden, haben die Philosophen im allgemeinen anderswo nach Entschädigung gesucht: in der Welt nach dem Tod, in der endlosen Zeit wie Leibniz, in der Vernunftordnung wie Kant. Ein derartiger Rekurs auf einen Ort jenseits der gegenwärtigen Wirklichkeit bezeugt zumindest die Anerkennung der Macht, die das Glück in der Ordnung der Dinge dieser Welt hat, bezeichnet es doch den Konflikt zwischen dem Wirklichen und dem Idealen. Keineswegs sind die vom Glück Begünstigten immer die, die es am meisten nötig haben und verdienen. Am Glück scheitern die Utopien. Rationalistische Philosophen hatten es daher beim Thema Glück schon immer schwer, weil es so augenscheinlich den Bereich begrenzt, in dem wir über unser Leben Kontrolle haben.

Das Glück als Gleichmacher

Mag der Einfluß des Glücks auch dazu führen, daß das Leben ungerecht ist, so hat die Sache doch auch einen positiven Aspekt. Das Glück ist ein großer Gleichmacher – gerade weil es der Vernunft nicht unterworfen ist. Die Aufhebung gewöhnlicher Lebensumstände, die Glück bewirken kann, schafft eine Situation, in der jeder eine Chance hat. Auf diese Weise machen nicht immer nur die Schnellsten das Rennen. Gutaussehende, wohlhabende, von der Natur gut ausgestattete und mit den Gütern der Welt reich gesegnete Menschen können die Verheerungen des Unglücks zu spüren bekommen. Und den Benachteiligten kann es geschehen, daß durch Glück Veränderung in ihr Leben kommt.

Das Glück sorgt für Überraschungen. Seine Gunst und Ungunst wird den Menschen auf eine fundamental zufällige Weise zuteil. Auch wer vom Schicksal mit reichen Gaben gesegnet ist, kann ins Stolpern geraten; auch wer sich nicht der Gunst des Schicksals erfreut, kann »Glück haben«. Glück verhindert, daß das Leben allzu rational und vorhersagbar ist. Die Aussicht auf Glück läßt die sonst Hoffnungslosen hoffen – und nichts ist schlimmer als zerstörte Hoffnung.

Der destabilisierenden Macht von Zufall und Glück ist es zu danken, wenn wir zwar in keiner *gerechten* Welt, aber womöglich in einer *demokratischen* leben: weil es die Menge jener vergrößert, die eine Chance haben.

Wie steht es aber auf einer tieferen Ebene um das Verhältnis von Glück und Moral?

Kann man in moralischen Fragen Glück haben?

Allem Anschein nach wirkt sich Glück nicht nur auf unsere materiellen Lebensumstände aus, sondern auch auf unsere moralischen.[4] Denn der moralische Status sonst identischer Handlungen kann vom Glück abhängen. Betrachten wir den Fall des glücklichen Bösewichts, der in das Haus seines Großvaters einbricht, den er auf einer langen Reise weiß. Ohne daß der Bösewicht davon weiß, ist der alte Mann inzwischen gestorben und hat ihn zu seinem Erben bestimmt. Der Besitz, den er »stiehlt«, ist somit sein eigener – nach dem Gesetz hat er sich nichts zuschulden kommen lassen; ein rettender Glücksfall hat die gesetzlich verbotene Tat abgewendet, deren er sich sonst schuldig gemacht hätte. Seine Absichten sind zwar die eines gemeinen Diebes, rein faktisch ist er aber keiner. Seine moralische Stellung scheint also durch einen Glücksfall gerettet.

Betrachten wir demgegenüber die mißliche Lage des unglücklichen Wohltäters. Um einer Freundin einen Gefallen zu tun, erklärt er sich bereit, für die Zeit, in der sie eine lange Reise unternimmt, ihren Wagen bei sich abzustellen Als der Zeitpunkt ihrer erwarteten Rückkehr gekommen ist, möchte ihre eineiige Zwillingsschwester, von deren Existenz unser gefälliger Helfer keine Ahnung hat, den Wagen »wiederhaben«. Bei all seinem guten Willen macht er sich schuldig, indem er das ihm anvertraute Eigentum einer Fremden aushändigt. Seine Absichten sind rein, aber faktisch macht er sich schuldig.

Derartige Fälle illustrieren, wie der moralische Status von Handlungen von zufälligen Umständen abhängen kann, und tatsächlich waren es Überlegungen eben dieser Art, aus denen Kant darauf bestand, daß für das moralische Handeln das Prinzip entscheidend sei, aus dem es geschieht. In seiner Sicht wird Moral ganz und gar von den Intentionen bestimmt, nicht von Erfolg oder Qualität der Ausführung der Tat. Und es läßt sich zugunsten dieser Anschauung vieles vorbringen.

Betrachten wir den Fall des Nachtwächters einer Bank, der seinen Posten verläßt, um einem Kind zu Hilfe zu eilen, das brutal von ein paar Männern angegriffen wird. Wenn es sich um einen tatsächlichen Vorfall handelt, dann ist der Nachtwächter für uns ein Held. Wenn der Vorfall aber nur inszeniert ist, um von einem Bankraub abzulenken, dann dürften wir den Nachtwächter wohl als verantwortungslosen Narren ansehen. Und doch gibt es aus seiner Perspektive keinen sichtbaren Unterschied zwischen den beiden Fällen. Wie die Angelegenheit für ihn ausgeht, ist insofern Glückssache.

Auf solche Weise scheinen die verschiedensten Handlungsabläufe einen moralischen Status zu bekommen, der weitgehend davon abhängt, wie die Sache ausgeht, was oft weitgehend außerhalb der Kontrolle des Handelnden liegt.

Aber ist es wirklich so? Wenden wir, um die Sache zu klären, unsere Aufmerksamkeit jetzt statt der Handlung dem Charakter zu, und betrachten wir moralische Qualitäten abstrakt. Charakterzüge – das gilt auch für moralische – sind ihrer Natur nach dispositional, das heißt, für sie ist relevant, wie Menschen in bestimmten Umständen handeln *würden*. Aufrichtigkeit und Großzügigkeit sind insofern positive Dispositionen, Unehrlichkeit und Neigung zum Argwohn sind negative. Aber denken wir daran, daß jemand vor den Folgen solcher Disponiertheit durch Mangel an Gelegenheit bewahrt werden kann.

Doch wie ist es dann um die moralische Position dessen bestellt, der bloß deshalb auf der Seite der Moral steht, weil ihm die Gelegenheit zum Verbrechen nie begegnet? Entläßt das eine solche Person nicht aus allen menschlichen Bindungen, da der Handelnde nicht die Kontrolle darüber hat, ob sich die Gelegenheit ergibt oder nicht, und es *»irrational* erscheint, Lob oder Tadel für Dinge zu ernten oder zu vergeben, über die man keine Kontrolle hat«?[5] So einleuchtend das klingt, wird es der Sache doch in keiner Weise gerecht. Der Unterschied zwischen dem potentiellen Dieb, dem es an Gelegenheit fehlt, und einem anderen, der sie hat und wahrnimmt, ist keiner des moralischen *Status*. Ihre moralische *Biographie* mag sich allerdings unterscheiden.

Gerade weil wir weder ausschließen können, daß sich *Anlässe* für moralisch relevantes Handeln ergeben, noch bestimmen können, welche *Konsequenzen* unser faktisches Handeln letztlich hat, wird unsere Moralität weder durch diese noch durch jene bestimmt.

Darin hatte Kant vollkommen recht: Wen allein der Mangel an Gelegenheit hindert, habgierig zu handeln, der bleibt doch ein habgieriger Mensch und als solcher zu verurteilen. Was letztlich moralisch zählt, ist nicht das Ergebnis, sondern die Absicht. Wie Menschen denken und wie sie handeln wollen, ist für die moralische Bewertung wesentlicher als das, was sie letztlich erreichen. Und genau dies ist es, was das Glück hier als bestimmenden Faktor ausschließt. Wir tun gut daran, Glück als äußerlichen Faktor zu betrachten, der allein die Evidenz des moralischen Status der Handlungen und des Charakters eines Menschen betrifft. Und wir machen Menschen nicht deshalb für ihren moralischen Charakter verantwortlich, weil wir glauben, daß sie ihn sich ausgesucht haben, sondern weil wir glauben, daß er nicht durch Glück oder Zufall erworben wird; und weil wir auf diese Weise einen Menschen als Menschen behandeln.

So kann jemand, der an einem physischen Gebrechen leidet, darin eine akzeptable Entschuldigung für (sagen wir) unterlassene Hilfeleistung haben; der Unmoralische aber kann *seine* natürlichen Neigungen nicht in vergleichbarer Weise ins Feld führen, um moralisch freigestellt zu werden. In einem solchen Fall ist es nämlich seine Disposition, die wir miß-

billigen. Die Tatsache, daß er sich diese Disposition nicht ausgesucht hat, ist dabei ohne Bedeutung. Wir sind nicht moralisch dafür verantwortlich, uns unseren Charakter *ausgesucht*
zu haben; wir sind aber sehr wohl moralisch dafür verantwortlich – und kritisierbar –, daß wir ihn *haben*. Und da spielt
Glück keine Rolle. Es hat keinen Sinn, von jemandem zu
sagen, er habe Glück gehabt, der geworden zu sein, der er ist,
sondern nur, er habe Glück gehabt, daß ihm dies oder jenes
widerfahren sei. Identität ist früher als Glück oder Pech. Es
hat keinen Sinn, ein eigenschaftsloses Substrat anzunehmen,
das das Glück oder Pech hatte, mit der einen bestimmten Gesamtheit von Charakterzügen statt mit einer anderen ausgestattet zu werden. Bei Menschen ist ebensowenig wie bei
jedem anderen Objekt Raum für solche Eigenschaftslosigkeit.
Identitäten werden nicht durch eine Art Lotterie unspezi-
fischen Individuen zugewiesen.

Das ist natürlich zweischneidig. Der Tugendhafte kann
durch widrige Umstände daran gehindert werden, seine Tugend zu manifestieren. Der moralische Held muß auf ein
Selbstopfer vorbereitet sein. Er ist bereit, jeden Augenblick
ins tobende Meer zu springen, um ein ertrinkendes Kind zu
retten. Doch das Schicksal hat ihn in eine trockene und ab-
gelegene Oase verschlagen, in der es keine Kinder gibt, die in
Gefahr sind zu ertrinken, so wie es im Lande des Don
Quichotte keine jungen Mädchen in Not gab. Natürlich würden wir einen solchen Heroismus wohl weder *erkennen* noch
anerkennen können. Die Umstände fehlen, unter denen er sich
manifestieren könnte. Der moralische Status eines Menschen
liegt in seinen Intentionen, in seinem Denken, in seinem
Innern. Zufällige äußere Ereignisse haben hier keine bestimmende Funktion. In letzter Instanz gibt es etwas wie Glück in
moralischen Dingen nicht. Schon die Vorstellung ist ein
Widerspruch in sich. Wenn einer Bewertung ein Glücks- oder
Unglücksfall zugrunde liegt, spielt Moral keine Rolle. Wenn

eine Bewertung aber moralisch ist, weil ihr Gegenstand in einer Sphäre liegt, über die wir die Kontrolle und für die wir Verantwortung haben, dann war dieser keine Glückssache.

Inwiefern das Gewöhnliche im Mittelpunkt steht

Folgt (wie Kant meinte) aus der möglichen Kluft zwischen unserem Tun und unserer moralischen Verfassung, daß die Moral nicht von dieser Welt ist – daß jede moralische Bewertung verlangt, sich auf eine unzugängliche noumenale Ordnung zu beziehen, die ganz und gar außerhalb der empirischen Sphäre des wirklichen Lebens liegt? Sicherlich nicht. Wir haben unsere moralischen Urteile nicht auf der Basis dessen zu bilden, was *transzendental* in einer von der Wirklichkeit abgehobenen noumenalen Ordnung geschieht, sondern auf der Basis des Gegebenen, wie es *allgemein und gewöhnlich* in der Weise sich einstellt, die allein vernünftigerweise zu erwarten ist.

Moralische Bewertung, wie wir sie vornehmen, spiegelt generell den *gewöhnlichen* Gang der Dinge wider. Einzubrechen ist *gewöhnlich* ein moralisch schlechtes Tun. Trunkenheit am Steuer vergrößert *gewöhnlich* die Chancen, anderen Schaden zuzufügen. Verlogene Menschen verursachen *gewöhnlich* Leid, wenn sie Lügen über andere verbreiten. Moralische Bewertungen sind standardisiert, sofern sie sich nach dem gewöhnlichen Gang der Dinge richten. Glück oder Unglück aber können sich bekanntlich so bemerkbar machen, daß sie die Dinge daran hindern, in den gewöhnlichen Geleisen zu laufen, und sie damit fehlschlagen lassen. Moralische Handlungen, die normalerweise Gutes bewirken, können Unglück nach sich ziehen. Freilich ist das dann nur »Pech«. Die moralische Bewertung selbst wird davon nicht betroffen oder sollte davon nicht betroffen werden.[6]

Wenn einem der Hund getötet wird, weil er vor ein Auto gelaufen ist, dann war der Fahrer nicht gleichgültig, sondern er hatte Pech. Wenn ein Autofahrer unbekümmert um mögliche Fußgänger eine Allee entlangbraust und zufällig niemanden überfährt, dann mildert dieser glückliche Ausgang nicht seine moralische Schuld. Anders als für die Strafbarkeit im juristischen Sinne steht für die moralische Bewertung der faktische Ausgang der Angelegenheit im Hintergrund – das, was sich zufällig ereignet. Was die moralische Bewertung vom Ausgang der Angelegenheit unabhängig macht, so daß Glück hier keine Rolle spielt, ist die Orientierung an dem, was vernünftigerweise erwartet werden kann.

Es geht hier nicht um Zufall und Glück, sondern um eine Frage der Moral, liegt es doch in deren Wesen, daß für sie Glück kein bestimmender Faktor sein kann. Reiner Zufall und unvorhergesehene Kontingenz können keinen andernfalls unmoralischen Akt retten oder einen andernfalls verdienstlichen Akt zu einem unmoralischen machen. Da aber die *tatsächlichen* Folgen unseres Handelns vom Zufall abhängen, bedeutet dies, daß eine moralische Bewertung sich nicht einfach und allein nach dem tatsächlichen Ausgang einer Sache richten kann. Was zählt in bezug auf Moral, muß auf dem Gebiet der *zu erwartenden,* nicht der *tatsächlichen* Resultate liegen.

Moralische Einschätzung richtet sich nach dem, was vernünftigerweise antizipiert werden kann. Menschen, die ihr Auto nach einem Betriebsfest in völlig berauschtem Zustand nach Hause fahren, unbekümmert um die Gefahr, der sie sich selbst und andere aussetzen, sind moralisch – nicht juristisch – im selben Maße schuldig, wenn dabei jemand zu Tode kommt, wie wenn dies nicht der Fall ist. Ihre Überschreitung liegt darin, daß sie mit dem Leben anderer spielen. Ob sie tatsächlich jemanden töten oder nicht, ist nur Sache des Zufalls

und der statistischen Willkür. Die moralische Negativität ist
genau dieselbe in diesem wie in jenem Falle – wie auch bei
dem, der mutig ins Wasser springt, um ein ertrinkendes Kind
zu retten, die moralische Positivität unabhängig vom Ausgang
ist. Tatsache ist, daß Trunkenheit am Steuer gewöhnlich
unnötigerweise das Leben von Menschen aufs Spiel setzt und
daß im anderen Fall Rettungsversuche die Überlebenschancen
verbessern. Für die Moral sind die gewöhnlichen Folgen eines
Tuns von Bedeutung, nicht ihre tatsächlichen unter den unvorhersehbaren Umständen, die in besonderen Fällen gegeben sein können.[7] Ein Philosoph hat dies freilich entschieden
bestritten. Thomas Nagel schreibt:

> Ob wir in dem, was wir zu tun versuchen [in Handlun-
> gen, denen gute Absichten zugrunde liegen], erfolg-
> reich sind oder nicht, hängt immer in einigem Ausmaß
> von Faktoren ab, über die wir keine Kontrolle haben.
> Dies gilt für […] fast jedes Tun von moralischer Be-
> deutung. Was […] [wir erreichen] und was Gegenstand
> moralischer Bewertung ist, wird z. T. von äußeren
> Faktoren bestimmt. Mag der gute Wille an sich auch
> ein Juwel sein, so ist es doch ein moralisch bedeutsamer
> Unterschied, ob man jemanden wirklich aus einem
> brennenden Gebäude rettet oder ob man ihn beim
> Rettungsversuch aus einem Fenster im zwölften Stock-
> werk fallen läßt.[8]

Den Unterschied, von dem Nagel spricht, gibt es tatsächlich –
aber nur aufgrund einer Uneindeutigkeit, mit der er den Fall
beschreibt. Wir müssen nämlich vor allem wissen, *aus welchem
Grunde* unser Retter das Opfer hat fallen lassen. Aus Gleichgültigkeit oder aus Unfähigkeit oder aus einem plötzlichen
Anflug von Bosheit? Oder aber, weil – trotz all seiner
Bemühung – Kants »Ungunst des Schicksals« eingegriffen und

ein ausgebrannter Balken unter seinen Füßen nachgegeben hat? Wenn letzteres der Fall war, dann ist Kants Einschätzung die richtige.[9] Verschiedene Umstände können zu verschiedenen Bewertungen führen. Doch wo es allein vom reinen Zufall abhängt, ob Handeln Erfolg hat oder nicht, da besteht offenkundig kein Grund, unterschiedliche *moralische* Bewertungen vorzunehmen.[10] Gewiß, wer seine moralischen Verpflichtungen anderen gegenüber vernachlässigt, ohne damit Schaden anzurichten, hat Glück, nicht aber einen *moralischen* Gewinn.

Die Sichtweise der Griechen

Die Kantsche Perspektive geht direkt auf die griechische Tradition zurück. Die griechischen Moralisten hielten *Glück* (hedone) für eine Sache des Zufalls; unser Lebensgenuß hängt unabänderlich von den Umständen und vom Schicksal ab – von den zufälligen Gelegenheiten, die das Glück uns zur Verfügung stellt. Wenn das Schicksal einen nur feindlich genug behandelt, dann kann es sein, daß man schlicht und einfach nicht imstande ist, ein Leben zu leben, das vom Glück – als einer Gegenbestimmung zum bloß rationalen Befriedigtsein – bestimmt ist. Der Zufall spielt hier eine beherrschende Rolle. Unsere Tugend (arete) aber gehört zu unserem Charakter und spiegelt somit unser tatsächliches Wesen wider – eine Bestimmung, die allgemein für das Erlangen wahren Wohlbefindens gemäß dem griechischen Begriff der »eudaimonia« gilt. Der Mensch hat das Recht, rationale Befriedigung aus einem Leben zu ziehen, das sich an vernünftigen Werten orientiert, ohne Rücksicht darauf, was ihm die Umstände an Glück bescheren.[11] Der bloße Zufall kann wahre Werte weder

hervorbringen noch zerstören; er kann Verdienst weder verschaffen noch zunichte machen.

Die Welt – die tatsächliche Welt, zu der die Kontingenz
von Zufall, Chaos und Entscheidung gehört – bringt das reine
Glück zur Erscheinung, und zwar auf eine Weise, die den
Zusammenhang zwischen dem Schicksal und dem Verdienst
eines Menschen aufhebt. Und wenn wir noch so sehr darum
ringen, das Gleichgewicht herzustellen – unsere Anstrengungen werden von den harten Realitäten oftmals zunichte gemacht. Wir halten soziale Werte hoch, doch heißt das nicht,
daß wir sie realisieren können. Wir können es versuchen; wir
können uns darum bemühen; und Moralität tritt, wie Kant
betonte, in der Bemühung, nicht im Erfolg zutage. Unser
Glück liegt in der Hand der Götter, das Maß unserer *Moralität*
aber hängt allein von uns ab.

Kant ist hier sicher zu Recht den Griechen gefolgt. Moralität als solche ist unabhängig vom Glück: ganz gleich, wie der
Gang der Dinge ist, die Güte der guten Tat und des guten
Menschen kann von der Launenhaftigkeit des Erfolgs nicht
beeinträchtigt werden. Dennoch ist Kants Analyse dieser
Situation in die Irre gegangen. Wenn Moralität vom Glück
unabhängig ist, dann nicht deshalb, weil sie die *ideale* Situation
einer *noumenalen* Sphäre, sondern weil sie (wie oben angedeutet) die *normale* Situation des *gewöhnlichen Gangs der Dinge*
in der profanen Sphäre unserer alltäglichen Erfahrung betrifft,
von dem die *tatsächliche* Folge der Ereignisse abweichen kann
und oft auch abweicht.

Betrachten wir den Fall der mutigen Frau, die ins tobende
Meer springt, um ein Kind zu retten, das in Lebensgefahr ist,
und die erst nach der Tat erkennt, daß das Kind ihr eigenes ist.
Hätte sie es schon von Anfang an gewußt, so hätte sie nur die
höchste Anerkennung für mütterliche Fürsorge bekommen –
da wir unter diesen Umständen anzunehmen hätten, diese
und nicht etwa selbstlose Humanität habe sie motiviert. Wenn

wir aber davon ausgehen, daß sie während der Tat in keiner Weise erkannte, daß sie ihr eigenes Kind rettete, dann müssen wir ihr die volle moralische Anerkennung zuteil werden lassen.

Natürlich muß der Gedanke, daß die Intentionalität ausschlaggebend ist, durch Erwägungen des gesunden Menschenverstandes ergänzt werden. Mit etwas Phantasie können wir uns ungewöhnliche Umstände vorstellen, in denen die Bewährung der Standardtugenden (Wahrheitsliebe, Güte) zu desaströsen Ergebnissen führt. Im Kontext moralischer und vernünftiger Entscheidungen ist Kenntnis (der Intellekt) von ebenso großer Bedeutung wie die Intention (der Wille). Wir haben die Pflicht – vor allem dort, wo viel auf dem Spiel steht –, uns ausreichend über die Grundtatsachen der jeweiligen Situation in Kenntnis zu setzen. Ihren Wert als Tugenden behalten gutgemeinte Handlungen jedoch im Hinblick auf den gewöhnlichen Gang der Dinge – im Hinblick darauf, wie sich die Dinge *normalerweise* in der realen Welt zutragen. Und weil Moralität sich nach dem gewöhnlichen Weltlauf bemißt, ist die heroische Tat keine Forderung der Moral, sondern etwas, was über die bloße Pflicht hinausgeht. (Hier liegt die Achillesferse der Kantschen Analyse.)

Die Moralisten der klassischen Antike, insbesondere die Stoiker, rangen mit der folgenden Frage: Welche Vermögen des Menschen sind sicher vor den verheerenden Auswirkungen von Pech und Unglück? Gewiß nicht Reichtum und Reputation, die das Unglück nur allzu leicht zunichte machen kann. Nicht einmal Begabung und Können, die dadurch negiert werden können, daß das Unglück ihnen jede Gelegenheit, sich zu bewähren und sich zu entfalten, verweigern kann. Nein, sagten sie immer wieder aufs neue, nur das innere Wesen eines Menschen – sein Charakter, wie er durch moralische Tugenden oder durch moralische Untugenden definiert wird – stellt Positives und Negatives dar, das vom Unglück nicht

zerstört werden kann. Unter den menschlichen Gütern sind
allein die moralischen Tugenden den Umständen enthoben,
und gerade aus diesem Grund sind sie hochzuhalten. Alles
andere ist Sache dessen, was einem widerfährt – diese Tugenden und Untugenden aber, die den Charakter konstituieren,
liegen im innersten Sein eines Menschen.

Wer eine moralische Pflicht vernachlässigt – beispielsweise
ein Versprechen nicht hält –, der wird dadurch, daß diese Ver-
fehlung keine Konsequenzen hat, seiner Schuld nicht ledig.
Eine Übertretung, deren unvorhersehbare Konsequenzen für
die, die es betrifft, ein glückliches Ende haben (also eine »felix
culpa«), ist und bleibt eine Übertretung. Dasselbe gilt für die
moralisch tugendhafte Handlung, die durch ein Eingreifen des
Schicksals fehlgeschlagen ist. Moralische Bewertung basiert auf
den zu erwartenden, normalen und vorhersehbaren Konsequenzen, nicht auf dem glücklichen Ausgang des Einzelfalls.

Der Künstler, der seine Familie verläßt, um einer Vision zu
folgen; der Staatsmann, der um des Wohls der Nation willen
sein Wort bricht, das er früheren Weggefährten gegeben hat –
sie alle vergehen sich nicht im Namen eines höheren *moralischen* Gutes an der Alltagsmoral, sondern sie räumen außer-
moralischen Zielen den Vorrang vor moralischen Erwägungen
ein. Wir können uns dafür entscheiden, ihr Tun zu entschuldigen, oder auch nicht; wir können auch zu dem Schluß
kommen, daß sie rational (das heißt aus guten und zureichenden Gründen) gehandelt haben; aber wir dürfen uns nicht mit
dem Gedanken täuschen, sie hätten schließlich doch *moralisch*
gehandelt – ihr moralischer Status als solcher sei dadurch gerettet worden, daß sie das Glück gehabt hätten, positive Ziele
irgendwelcher Art zu realisieren. Der Bürgermeister, der in
betrügerischer Weise Geld aus dem Fonds für Straßeninstand-
setzung abzweigt, um im Park ein Planschbecken für Kinder
bauen zu lassen, mag eine Art Held sein, aber gewiß kein
moralischer Held.

Was hier über das Verhältnis von Glück und Moral gesagt wurde, gilt ebenso für das Verhältnis von Glück und praktischer Vernunft. Selbst wenn das Vollbringen einer bestimmten Handlung wirklich dazu führt, daß man vernünftige Ziele verwirklicht, ist es gleichwohl *nicht* vernünftig, dergleichen zu tun, wenn man nicht um diesen Umstand weiß (oder wenn gar die Informationen, die man hat, für das Gegenteil sprechen). Praktische Vernunft (im Unterschied zum bloßen praktischen Erfolg) setzt ein gewisses Maß an Bedacht voraus. Selbst wenn wir mit Glück oder durch Zufall das tun, was unter den gegebenen Umständen das Beste ist, haben wir *nicht* vernünftig gehandelt, wenn wir vorgegangen sind, ohne unser Handeln mit gutem Grund für angemessen zu halten – geschweige denn, wenn wir gute Gründe hatten, unser Handeln für nicht angemessen zu halten. Wer keinen Grund zu der Annahme hat, daß sein Tun ihn zu einem vernünftigen Ziel führen wird, handelt nicht vernünftig: ein Defizit, das nicht durch unverdientes Glück – dadurch, daß das Glück eine Sache gelingen läßt – wettgemacht wird. Vernünftigkeit des Handelns heißt nicht, *erfolgreich,* sondern *intelligent* auf ein Ziel hin zu handeln, was nicht dasselbe ist, wenn man die Rolle des Zufalls berücksichtigt.

Zusammenfassend läßt sich sagen, daß die Rolle des Glücks für die *Resultate* unseres Handelns entscheidend sein mag, für dessen (Vernunft- oder Moral-)*Wert* aber nicht.

Aus moralischer Sicht sind die intentionalen Komponenten wichtig. Ob die Umstände günstig oder ungünstig sind, ob unsere Kindheit beschützt oder von Gewalt geprägt ist, ob unsere Chancen im Leben zahlreich sind oder nicht – all dies können wir uns nicht aussuchen. Aus dem Blickwinkel der Moral aber zählt nur, was wir aus den Gelegenheiten machen, die sich uns bieten, ganz gleich, wie sie beschaffen sein mögen. Wem sich nur wenige bieten, von dem kann nur wenig erwartet werden, wem sich aber viele bieten, von dem kann auch

viel erwartet werden. Unser moralischer Horizont mag eng
oder weit sein – dies hängt von der Wechselhaftigkeit der
Umstände ab.

Man kommt nicht um die Tatsache herum, daß sich auf
ihrer Bühne Tragödien zutragen. Denken wir an den schwarzen Tod im vierzehnten Jahrhundert. Der erste Angriff der
Pest in den späten vierziger Jahren des Jahrhunderts kostete in
Paris fünfzigtausend Menschen das Leben – das heißt die Hälfte der Bevölkerung. Gras wuchs in den Straßen, und in den
entvölkerten Vorstädten griffen Wölfe Menschen an. In geschlossenen Lokalitäten wie Klöstern und Gefängnissen war
der Tod oft das Schicksal aller Bewohner. In ganz Europa
starb, wie Jean Froissart schrieb, ein Drittel der Bevölkerung,
wenn die Pest zuschlug. Rechnet man noch Kriege, Hunger
und Räuberei zu dem hinzu, was die wiederkehrenden Aus-
brüche der Pest bewirkte, so hatte Europa bis zum Ende des
Jahrhunderts die Hälfte seiner Bevölkerung verloren. Viele
glaubten an das Ende der Welt. Viele – aber nicht alle. »Im
Oktober 1348 bat Philipp VI. die medizinische Fakultät der
Universität von Paris um einen Bericht über das Unheil, das
das Überleben der menschlichen Rasse zu bedrohen schien.
Mit These, Antithese und Beweisführung machten die Ärzte
eine Dreierkonstellation aus Saturn, Jupiter und Mars verantwortlich, die am 20. März 1345 in einen 40-Grad-Winkel zu
Aquarius getreten sei.«[12] Aber darin lag natürlich auch Hoffnung. Wenn eine ungünstige Konjunktion der Sterne die
Katastrophe hervorbrachte, dann konnte eine günstige den
Schaden wiedergutmachen. Petrarca schrieb: »O glückliche
Nachwelt, die ein solch abgründiges Leid nicht erleben und
unser Zeugnis wie eine Legende betrachten wird.«[13] Wenn
man eine solche Katastrophe überlebt, dann scheint es nur
natürlich zu sein, die grausame Frage zu stellen: »Warum
gehöre ich zu denen, die Glück hatten – für welche besondere
Mission bin ich aufgespart?«[14]

Stellen wir uns vor, es sei zu einem ernsten Unfall gekommen – sagen wir, ein Flugzeug sei abgestürzt oder zwei Autos seien zusammengestoßen und die Umstände seien derart, daß, wäre gemäß normaler Erwartung alles mit rechten Dingen zugegangen, alle Insassen ums Leben gekommen wären. Der Fahrer aber übersteht den Unfall unverletzt. Er hat offenkundig nur mit viel Glück überlebt, und sobald er begreift, was geschehen ist, wird er in Erstaunen über dieses Glück geraten. Wird er aber immer erfreut sein? Mit ziemlicher Sicherheit, handelt es sich doch um eine völlig natürliche und angemessene Reaktion. Gewöhnlich wird uns ein Glücksfall natürlich erfreuen – besonders dann, wenn wir erkennen, daß er uns nicht auf Kosten anderer zugefallen ist. Doch der davongekommene Fahrer wird wahrscheinlich eine besondere Verantwortlichkeit, die dem Schuldgefühl nahe steht, empfinden, und das Opfer, das überlebt hat, ein Ressentiment. Der eine trägt an einer übergroßen Last von Verantwortlichkeit, der andere an einem übertriebenen Gefühl, grundsätzlich bedroht zu sein.

In reinen Glücks- oder Unglücksfällen, in denen wir die Nutznießer oder die Opfer des Zufalls sind, ist mit dem letzteren schon alles gesagt. Wo wirklicher Zufall am Werk ist, sind weder der Glückliche noch der Unglückliche für Lohn beziehungsweise Strafe ausgesucht worden. Die Geschichte ist einfach die, daß es im Menschenleben, wie wir es leben, keinen festen Zusammenhang zwischen dem Resultat unseres Tuns und unserem Verdienst gibt: das Leben ist einfach zu sehr vom Zufall bestimmt – zu sehr Lotterie –, als daß hier eine Harmonisierung möglich wäre.

Unter dem Einfluß der Stoiker und Epikuräer bestanden viele Menschen der Antike darauf, daß wir selbst Herren unseres Schicksals seien. Dies ist hochproblematisch – sofern wir nicht auch darin übereinkommen, den Einfluß des Zufalls auf die menschliche Ordnung der Dinge zurückzuweisen.

Bedeuten doch die Machinationen von Zufall und Kontingenz, daß wir nicht einmal die Urheber unseres Glücks sind,
geschweige denn unseres Schicksals und unserer Bestimmung
in der Welt. Die Stoiker hatten mit ihrer Lehre aber eine
bestimmte Pointe im Auge: Wir sind in beträchtlichem Maße
die Herren unseres Geistes und unserer Persönlichkeit – wir
haben zwar nicht die Kontrolle über das, was uns widerfährt,
wohl aber darüber, welchen Einfluß wir Glück und Unglück
auf uns einräumen. Wir sind nicht die Herren der Umstände,
wir sind aber sehr wohl – oder sollten es sein – die Herren
unserer selbst. Wie die Welt uns behandelt, liegt weitgehend
außerhalb unserer Kontrolle. Aber wie wir behandelt zu
werden *verdienen,* das steht ganz und gar in unserer Macht.

Macht es glücklich, Glück zu haben? Die Frage ist nicht so
einfach, wie sie aussieht. Die Antwort setzt mehrere Unter-
scheidungen voraus – vor allem die zwischen objektivem und
subjektivem Glück sowie die zwischen affektivem und refle
xivem Glücklichsein. Somit ist es mehr als wahrscheinlich, daß
subjektiv erfahrenes Glück affektives Glücklichsein (Freude)
nach sich zieht. Und jemand, der bekommt, was er wirklich
und wahrhaftig braucht, wird, *wenn er erkennt und vernünftig
einzuschätzen vermag, was ihm zuteil geworden ist,* reflexive Befriedigung aus diesem Vorfall ziehen. Also wird auch objektiv
erfahrenes Glück reflexives Glücklichsein im Gefolge haben.

Die normative Dimension

Wie ein Leitmotiv läuft ein allgemeines Prinzip durch
die Versuche, Glück und Unglück in moralischer Hinsicht zu bewerten. Moralisch zu handeln ist – ebenso wie sich
vernünftig zu verhalten oder gerecht zu urteilen – eine nor-

mative Angelegenheit, die verlangt, daß man richtig vorgeht.
Dies Normative aber zieht sich durch das ganze Handeln hindurch und *fordert, daß angemessene Resultate auf angemessene Weise erreicht werden,* und zwar unter Bedingungen, unter denen
der Zufall die Kette der Angemessenheit unterbricht. Natürlich hängt in allen derartigen Dingen das Resultat vom Glück
ab: Es kann reiner Zufall sein, daß wir das Richtige tun, die
richtige Antwort geben oder die richtige Entscheidung treffen. Es gehört aber mehr dazu, richtig zu handeln, vernünftige Ansichten zu haben und gerecht zu urteilen: nämlich
über die Angemessenheit des Produkts hinaus die Angemessenheit des Prozesses, durch den es hervorgebracht wird.

Bei Dingen, die ganz allein praktischer Natur sind, genügt
es, zum richtigen Ergebnis zu kommen; wer ein praktisches
Problem hat, der hat auch dann Erfolg auf der ganzen Linie,
wenn er ihn durch puren Zufall hat. Im normativen Kontext
der Moral aber setzt Angemessenheit korrektes Vorgehen
voraus. Der Student, der durch Glück zur richtigen Antwort
kommt, weiß nicht wirklich, was er sagt, und seine Aussage
wird nicht als Wissen anerkannt. Dasselbe gilt für die Moral.
Auch hier wird, wenn jemand nur versehentlich das Richtige
tut – sei es durch Glück oder aufgrund eines moralisch in-
differenten Faktors wie der bloßen Laune –, sein Tun nicht als
moralisch anerkannt. Dasselbe gilt für die Gerechtigkeit. Der
Richter, der, weil ihm das Äußere des Angeklagten gefällt, die
Geschworenen einschüchtert, damit sie ihn für unschuldig erklären, übt nicht Gerechtigkeit – auch dann nicht, wenn der
Angeklagte zufälligerweise tatsächlich unschuldig ist. Dieser
hat in unserem Beispiel natürlich Glück, aber nicht das Glück,
daß ihm Gerechtigkeit widerfährt. Auch hier unterbricht der
Zufall die normative Kette.

Bei all diesen Beispielen kommt es darauf an, daß korrekte
Resultate auf dem normativen Weg erreicht werden; zufällig
richtig zu liegen – aus Versehen und purem Glück – genügt

nicht. Das bedeutet, daß es dergleichen wie Glück in der Erkenntnis oder im Urteil tatsächlich nicht gibt, weil in solchen
Fällen die Kette der Angemessenheit vom Glück unterbrochen wird.

Wenn allein Glück die Ansprüche unserer Taten auf eine
moralische Wertigkeit untermauert, dann sind sie nicht moralisch. Das Glück kann hier keine bestimmende Rolle spielen.

8. Ist Glück manipulierbar?

**Das Glück ist keine handelnde Person,
die versöhnlich gestimmt werden könnte**

Good luck!« lautete Theodore Roosevelts Lieblingsgruß zum Abschied.[1] Der vernünftige Mensch glaubt natürlich nicht, daß Leuten Glück zu wünschen ihnen tatsächlich helfen könnte. Die Wendung bringt guten Willen und Mitgefühl zum Ausdruck, stellt aber keine Hilfeleistung dar.

Die personifizierende Vorstellung, daß Glück ein Agens sei, dessen Dienste angeworben und dessen Gunst gewonnen werden könnte, ist ein alter Glaube, der in der klassischen Antike im blühenden Kultus der Göttin *Fortuna* Ausdruck fand. Philosophen (vor allem Cicero) und Theologen haben immer gegen derartige Leichtgläubigkeit angekämpft, und die Verbreitung des christlichen Glaubens sorgte schließlich für einigen Landgewinn im Kampf gegen diesen Aberglauben. Dennoch ist die Gepflogenheit, sich durch kultische Verehrung der Frau Fortuna um ihre Gunst zu bemühen, ebenso wie manch anderer antike Aberglaube (etwa die Astrologie) nie vollständig ausgelöscht worden.

Natürlich hat unser modisch-modernes Vertrauen in die wissenschaftliche Vernunft diese Tendenz unterminiert. Wir glauben heute gern, daß wir in einer Welt leben, in der es gelungen ist, das menschliche Leben der rationalen Kontrolle zugänglich zu machen. Wir halten uns etwas darauf zugute, in einem Zeitalter von Vernunft, Wissenschaft und Technologie zu leben, in dem die Dinge, die unser materielles und soziales

Wohlbefinden ausmachen, berechenbar und beherrschbar seien. Jedenfalls denken die meisten so, wie Goethe es zum Ausdruck gebracht hat:

> Kein Mensch will bloß dem Glück was danken
> Und ob's ihm Alles auch beschied
> Nein, jeder hegt gern den Gedanken
> Ich selbst war meines Glückes Schmied

Ein solches Selbstbild, in dem man sich selbst beglückwünscht, ist aber in hohem Maße trügerisch. Seit jeher nimmt das menschliche Leben im großen und ganzen einen Lauf, den wir weder selbst gemacht noch uns ausgesucht haben. Die Vernunft kann bestenfalls ihr kleines Licht in die uns umgebende Dunkelheit der Faktoren Zufall, Chaos, Eigenwilligkeit und Unwissenheit werfen, die das Glück bestimmen. Ganz gleich, wie sorgfältig wir unsere Reise planen, immer kann uns eine unerwartete Sturmböe vom Wege abbringen. Der Mensch macht Vorschläge, doch über sie zu entscheiden hängt meistens von Umständen ab, die wir nicht kontrollieren können. Wie die Dinge ausgehen, sei es zu unserem Vor- oder Nachteil, ist aller klugen Umsicht ungeachtet allzuoft Glückssache.

Welchen Standpunkt sollen wir einnehmen in einer vom Zufall regierten Welt? Der vernünftigste Rat dürfte lauten: *Sei realistisch* – akzeptiere das Glück in seiner Unvorhersagbarkeit. Versuche also nicht, eine Macht zu beherrschen und zu manipulieren, die keine Zähmung zulassen wird. Ebensowenig wie ein rauhes Klima oder ein Wirtschaftsboom ist das Glück ein *Ding;* es ist ein Zug des modus operandi dieser Welt, eine Koinzidenz von Ereignissen, die zustande kommt, wenn die Interessen der Menschen in beträchtlichem Maße von unvorhersagbaren Entwicklungen affiziert werden. Die Vorstellung, eine solche Potenz versöhnlich zu stimmen, ist, ungeachtet ihrer Popularität, ein gedankenloser Aberglaube.

Natürlich ergreifen die Menschen unzählige Maßnahmen, um das Glück zu beherrschen und zu manipulieren – man denke an den weitverbreiteten Glauben, Glück und Unglück seien mit der Zahl drei verbunden und Dinge oder Tätigkeiten brächten Glück oder Unglück. Glücksbringend soll das Bei-sich-Tragen einer Hasenpfote sein, das Tragen eines Glücksamuletts, das Erblicken des eigenen Glückssterns oder einer Glückszahl, das Finden eines vierblättrigen Kleeblatts, eines Hufeisens oder einer Stecknadel, das Die-Treppe-hinauf-Fallen, das Anfassen eines berühmten Menschen, das Essen von Hering am New York's Day und so weiter.

Auch die Dinge, die angeblich Unglück bringen, sind Legion: unter einer Leiter hindurchgehen, einer schwarzen Katze begegnen, auf dem Bürgersteig auf die Plattenfugen treten, einen Spiegel zerbrechen, einer 13 oder anderen Unglückszahlen begegnen, einem Künstler Glück wünschen, einem Schauspieler gegenüber Macbeth erwähnen. Um das Unglück zu bannen, kreuzen wir die Finger, klopfen auf Holz oder schmücken unseren Weihnachtsbaum an Epiphanias ab.

Dementsprechend wuchern sprichwörtliche Ratschläge auf diesem Gebiet. Wenn Dinge gelingen, soll man seinem Glück danken. An einem Unglückstag (Freitag, dem 13.) soll man nicht arbeiten[2], aber darauf achten, daß man einen Glücksbringer bei sich trägt. Der Reisende trägt eine St.-Christophorus-Medaille, der Tennisspieler sein Glückshemd, der Verkäufer bindet sich seine Glückskrawatte um. Solcher Hokuspokus ist der Versuch, die Kontrolle über das Unkontrollierbare zu erringen.

Viele sonst vernünftige Menschen pflegen abergläubische Vorsorgeriten zu ergreifen, um das Glück »für den Fall des Falles« unter Kontrolle zu haben – auf der Grundlage der Vorstellung, daß es »nicht schaden kann«. Diese fragwürdige Vorstellung basiert einzig und allein auf dem höchst problematischen Glauben, daß das Glück eine Macht sei, die manipuliert

werden könne. Eine Narretei, die das Glück nicht in dem
Bereich beläßt, in den es gehört – dem des Zufalls und der Ungewißheit. Sie ist dadurch auch in vielerlei Weise schädlich, weil
sie Anstrengung und Aufmerksamkeit von Vorsichtsmaßnah-
men ablenkt, von denen man sich mehr versprechen könnte.

Da das Glück vom Zufälligen abhängt, gibt es keine Möglichkeit, es zu manipulieren oder die Kontrolle über es zu
erlangen. Schließlich würde das Glück, wenn es wirksam manipuliert werden könnte, aufhören zu sein, was es ist. Wäre
das Glück beherrschbar, gäbe es nicht das Sprichwort »Man
kann einen Narren nicht prügeln für sein Glück«.

Es sei zugegeben, daß das abergläubische Gefühl, das
Glück sei auf unserer Seite, durchaus etwas bewirken kann –
dort nämlich, wo es auf die geistige Einstellung ankommt, wo
Zuversicht die Handlungsweise positiv affiziert. Wenn ein
Verkäufer es mit einem schwierigen Kunden oder ein Tennisspieler es mit einem hartnäckigen Gegner zu tun hat, dann
kann das ermutigende Gefühl, daß man heute einen Glückstag
habe – daß man erfolgreich sein werde, obwohl es normalerweise unwahrscheinlich wäre –, sich auf die eigenen Chancen
auswirken. In Situationen, in denen Hochstimmung die Leistung verbessern kann, ist der Glaube an das eigene Glück
produktiv. Wo dies aber nicht der Fall ist – wie beim wirklichen Glücksspiel (etwa dem Roulette oder Pferderennen) –,
führt es unweigerlich zu Frustrationen. Das Glück als solches
schlägt sich per definitionem auf niemandes Seite.

Natürlich sind viele Situationen vom Standpunkt des
Glücks aus zweideutig, weil sie durch eine Mischung von Zufall und kompetenter Leistung bestimmt sind. Der Sportler,
der seinen Platz im Feld mit der Einstellung »Ich kann es schaffen« einnimmt, verbessert seine Erfolgsaussichten, während
derjenige, der mit der Perspektive »Dieser Gegner ist einfach
zu gut für mich« an die Sache herangeht, es schwer haben
wird. Wo in dieser Weise Können und Zufall zusammen-

treten, kann man seinem Glück durch »positives Denken« den Weg ebnen – oder ihm diesen durch negatives Denken verbauen.

Die Sache hat aber noch einen anderen Aspekt. Der große Hochseilartist Philippe Petit fiel nur einmal – und zwar dreißig Fuß tief, als er für den Ringling Bros. Barnum & Bailey's Circus übte. Als er wieder bei Bewußtsein war und seinen gefährlichen Akt von neuem zu üben begann, paradierte er, zu Ravels lebhaftem *Bolero*, fast eine halbe Stunde lang auf dem Hochseil und »stellte so«, wie er später sagte, »sein Vertrauen, daß er nicht fallen würde und könne, wieder her«.[3] Ein solcher Standpunkt ist natürlich unrealistisch, wenn man anerkennt, daß hier auch der Zufall eine Rolle spielen kann. Er ist aber nicht völlig unvernünftig – wobei es sich natürlich nicht um ein Manipulieren des Glücks, sondern der Psychologie handelt. Selbst wenn wir also zugestehen, daß Glück nicht kontrollierbar ist, kann es manchmal gut sein, so zu tun, als wäre es so. Es kann sein, daß wir nur aufgrund solcher »Inkonsistenz« imstande sind, unser Bestes zu tun. Wo es um die Selbstbeherrschung eines unvollkommenen Lebewesens geht, kann ein bestimmtes Maß an Unvernunft durchaus sinnvoll sein.

Nicht abergläubisches Manipulieren, wohl aber Klugheit kann das Glück beeinflussen

Wenn es auch in der Natur der Dinge liegt, daß wir die Machinationen von Zufall und Unwissenheit nicht aus dem menschlichen Leben verbannen können, so können wir doch die Einzelheiten dieses unabänderlichen Sachverhalts besser *verstehen* und lernen, uns besser auf ihn einzustellen. Wir können uns beispielsweise bis zu einem gewissen Maß

gegen das Unglück schützen. Wachsamkeit, Bereitsein, be-
dachtsames Timing und dergleichen können günstige Bedingungen schaffen und so zu unserem Glück beitragen.

Das Wirken des Glücks entzieht sich unserem Zugriff; ob
wir in bestimmten Umständen und Situationen Glück haben
werden oder nicht, darüber können wir per definitionem
keine Kontrolle haben. Den Spielraum aber, den das Glück
hat, das Ausmaß, in dem wir uns dem Zufall aussetzen, können wir beeinflussen. Wer an einem Wettkampf teilnimmt,
verschafft sich zumindest die *Möglichkeit* zu gewinnen; wer es
nicht tut, hat gar keine Chance.[4] Der Student, der hart
arbeitet, vertraut für sein Examen nicht nur aufs Glück. Der
Reisende, der sich seine Route vor Antritt der Reise heraus-
sucht, verläßt sich nicht darauf, daß das Glück ihm einen hilf-
reichen Menschen schickt, der Bescheid weiß und ihm den
Weg zeigt. Voraussicht, Planung, vernünftige Vorsicht, Vorbereitung und harte Arbeit – sie alle tragen aktiv dazu bei, unsere Ziele zu erreichen, ohne allein auf das Glück angewiesen
zu sein.

Das Bedauerliche am abergläubischen Umgang mit dem·
Glück ist vor allem seine Kontraproduktivität. Er läßt Zeit,
Energie und Anstrengung nicht jenen Formen effektiven Planens und Arbeitens zugute kommen, mit denen man eine
Chance hätte, sein Los zu verbessern, indem man sich vor-
teilhafte Lebensbedingungen schafft und damit dem Glück
sozusagen den Weg bereitet. Und man kann durchaus vernünftige Maßnahmen ergreifen, um sich vor den Folgen von
Unglück zu schützen. Napoleons bekannte Tendenz, Kom-
mandos Marschällen anzuvertrauen, deren Akten erkennen
ließen, daß sie »das Glück auf ihrer Seite« hatten, zeugte (aller
Wahrscheinlichkeit nach) weniger von Aberglauben als von
der vernünftigen Neigung, jene zu bevorzugen, die klugen
Umgang mit Risiken in der Kriegsführung bewiesen hatten.
(Andererseits hat Napoleon nicht immer so rational gedacht;

er hat Josephine oft als seinen Glücksbringer und Talisman bezeichnet und war später davon überzeugt, die Scheidung von ihr habe dazu geführt, daß das Glück ihn verlassen habe, um seinen Niedergang in die Wege zu leiten.)

Der Zufall ist zwar zum einen blind, er begünstigt zum anderen aber die, die darauf vorbereitet sind, eine sich bietende günstige Gelegenheit zu ergreifen. In der besten Position, eine solche Gelegenheit zu nutzen, ist der *fähige* Spieler, ist der *kluge* Investor, dem die Chancen, die das Glück eröffnet, nicht im Handumdrehen zu vertanen Gelegenheiten werden. Wer sich beständig in Bereitschaft hält, das Glück beim Schopfe zu fassen, kann den größtmöglichen Gewinn aus seinem Fang ziehen.

Seine Chancen wahrnehmen

Kennzeichnend für die Ironie der menschlichen Situation ist die Tatsache, daß vor allem die Fähigen, Unternehmungslustigen, Risikofreudigen, Phantasievollen dem Unglück besonders stark ausgesetzt sind. Der Grund dafür liegt in der Umkehrung des klugen Grundsatzes »Wer nicht wagt, der nicht gewinnt«: »Wer etwas wagt, setzt etwas aufs Spiel«. Schließlich riskieren wir in Umständen, in denen es der Hilfe anderer bedarf, damit der Erfolg sich einstellt, immer auch den Mißerfolg aufgrund unvorhersehbarer Entwicklungen und werden so anfällig für das Unglück (für das Glück aber natürlich auch).

Das Risiko ist nicht nur ubiquitär, es ist auch proteischer Natur. So gibt es entsprechend viele »Arten von Risiken«, wie es Unbilden im menschlichen Leben gibt. Der Verlust von Eigentum und ökonomischen Werten, der Verlust der Freiheit, der Verlust von Privilegien, günstigen Gelegenheiten, der Verlust des Gesichts und der Wertschätzung in den Augen anderer, der Verlust dessen, was vertraut, gewohnt, akzeptiert ist, Krankheit, Verwundung und physische Beeinträchtigung, Angst und Sorge, psychischer Schaden und psychische Beeinträchtigung, Tod, Schaden, der Personen oder Dingen widerfährt, die einem teuer sind, Schädigung und Zerstörung der Umwelt sind nur einige wenige Möglichkeiten. Die Liste ist lang. Die verschiedenen Erscheinungsformen von Unglück sind buchstäblich unerschöpflich.

Wir können aber bei der Kalkulation der Beherrschung der Risiken, die wir eingehen, zumindest eine Minimierung des Ausmaßes erreichen, in dem wir auf das pure Glück angewiesen sind. Von dem Moment an, in dem wir das Licht der Welt erblicken, haben wir etwas zu verlieren, gleichzeitig aber auch die Möglichkeit, dieses Risiko zu verkleinern oder zu vergrößern. Die Frage nach dem richtigen menschlichen Verhalten kann niemals dahin lauten, ob man Risiken eingehen solle oder nicht. Die Frage kann nur lauten, ob man dieses Risiko eingehen solle oder jenes. Handeln heißt immer, das eine Risiko gegen ein anderes abzuwägen – heißt immer, sich für das eine Wagnis unter vielen zu entscheiden. Aber nur wo es Risiken gibt, werden Glück und Unglück möglich. Im menschlichen Leben gehen Unvorhersagbarkeit und Risiko Hand in Hand: Vorhersage und Risiko stehen überall in engem Zusammenhang, da mit jedem Handeln angesichts der Unvorhersagbarkeit seiner Folgen unvermeidlich ein Risiko verbunden ist.

Manche Risiken gehen wir freiwillig ein, wie etwa das Risiko zu verlieren, wenn wir beim Pferderennen wetten. Andere Risiken sind ihrer Natur nach unvermeidbar und begegnen uns schlicht und einfach deshalb, weil wir zu einer bestimmten Zeit und an einem bestimmten Ort leben – die Risiken, etwa Opfer »höherer Gewalt« zu werden oder durch

Akte blinder Gewalt, wie sie von Terroristen oder Amok-
schützen verübt werden, Schaden zu nehmen. In der Umwelt,
in der wir leben, sind wir ständig großen Risiken ausgesetzt[5],
und für praktisch jede Entscheidung, die wir treffen, und jede
Handlung, die wir begehen, gilt dasselbe. »Es einfach darauf
ankommen zu lassen« gehört zur menschlichen Existenz.

So gibt es Umstände, in denen wir gut beraten wären, bewußt und ausdrücklich Schritte zu tun, um Raum für das Glück
zu schaffen. Man denke an Organplantationen, bei denen ein
beträchtlicher Mangel an Spenderorganen besteht. Wenn dieser
Mangel akut genug ist, werden notwendig rationale Auswahl-
faktoren wie Erfolgswahrscheinlichkeit, zukünftige Lebenserwartung und dergleichen die Entscheidung für oder wider eine
Operation bestimmen. Letztlich erreicht man in einem solchen
Fall aber sehr bald die Grenze der Aussagekraft rationaler Argu-
mente. An diesem Punkt gibt es kein Prinzip, zu dem wir mit
besserer Begründung Zuflucht nehmen könnten, als den Zufall.
Schließlich ist das Leben selbst ein vom Zufall bestimmtes Ge-
schäft, und selbst die rationalsten menschlichen Arrangements
können diese Tatsache bestenfalls in sehr beschränktem Maße
überdecken. Indem wir dort, wo sonst allein das Auswahlsy-
stem zur Geltung kommt, Raum für das Glück lassen, erkennen
wir die Unangemessenheit aller bloß menschlichen Überlegungen zum Zwecke, »Gott zu spielen«, an.

Der gesunde Menschenverstand
im Umgang mit dem Glück

Wie arrangiert man sich auf vernünftige Weise mit der Realität des Glücks? Was genau sollte man tun? Wir sind hier
gewiß nicht völlig hilflos. Wie die vorangegangenen Überlegungen angedeutet haben, gibt es sogar vieles, was wir tun können.

Dem Glück entgegenkommen. Um sein Offensein für das Glück zu maximieren, um dem Glück eine Chance zu geben, sollte man sich Gelegenheiten zunutze machen, die einen in eine Lage versetzen, in der es zu günstigen Entwicklungen kommen kann. Ein Rennen, an dem man nicht teilnimmt, kann man nicht gewinnen. Nur wenn wir uns in eine Situation versetzen, in der das Glück uns etwas Gutes tun kann, können wir hoffen, seiner Wohltaten teilhaftig zu werden. Wenn wir ein Lotterielos kaufen, können wir vielleicht gewinnen; wenn wir unsere berufliche Qualifikation verbessern, können wir die Chancen, uns einen guten Arbeitsplatz zu sichern, vergrößern. Die Prinzipien klugen Umgangs mit dem Risiko gehören offensichtlich zum schlichten gesunden Menschenverstand, und wenn wir uns erst einmal für bestimmte Ziele entschieden haben, fordert die Klugheit, die Wahrscheinlichkeit auf ihrer Seite zu haben; das Glück ist soweit »operativ«, daß der Erfolg uns nach Maßgabe der Wahrscheinlichkeit zuteil wird. In jedem Falle aber ist es wesentlich, Einfluß auf die Wahrscheinlichkeiten zu nehmen, denn wir selbst können die Wahrscheinlichkeit, mit der uns ein Glück oder Unglück treffen wird, in vielen Fällen bestimmen oder zumindest mitbestimmen. Wenn wir doppelt so schnell fahren, verdoppeln wir das Risiko eines Autounfalls.

Übermäßige Risiken vermeiden. Eine andere Kardinalregel der Klugheit besteht darin, sich dem Unglück so wenig wie möglich auszusetzen: es nicht im Übermaß oder ohne Notwendigkeit zu provozieren. Schließlich brauchen sich Leute, die nicht mit der Gefahr kokettieren (und nicht versuchen, belebte Straßen mit geschlossenen Augen zu überqueren), nicht auf das Glück zu verlassen, um durchzukommen. Um Risiken zu vermeiden, die einzugehen nicht notwendig ist, sollte man dem Motto folgen: Reize dein Glück nicht unnötig. Tu keine närrischen, schlecht beratenen, riskanten

Dinge, um dich dann darauf zu verlassen, daß das Glück dich aus den daraus entstehenden Schwierigkeiten rettet. Der kluge Mensch meidet unnötige und übermäßige Risiken und läßt die Wahrscheinlichkeit zu seinen Gunsten sprechen, um das Maß zu minimieren, in dem er sich, um den Tag heil zu überstehen, auf das Glück verlassen muß.

Versicherungen abschließen. Ein anderes erprobtes und für gut befundenes Mittel, mit der Unvorhersagbarkeit umzugehen, besteht darin, sich einen gewissen Schutz und Stoßdämpfer gegen das unvermeidbare Auftreten unglücklicher Ereignisse zu verschaffen. Angemessene Vorkehrungen gegen unvorhersehbare Schwierigkeiten sind Versicherungen. Dies heißt im Endeffekt, ein Syndikat vieler Partizipanten zu bilden, bei dem die vielen, die keine Verluste durch den Eintritt eines unvorhersehbaren Ereignisses erleiden, den Schaden der wenigen unmittelbar Betroffenen tragen. Sie zahlen den Preis im voraus, um sich für den Fall, daß der Gang der Dinge sie zu Verlierern machen sollte, dieselbe Vergünstigung zu sichern. Versicherungen ändern zwar nichts an der Unvorhersagbarkeit des Geschehens, sie ändern aber etwas an der Situation, indem sie den Verlust, der sich ergeben würde, modifizieren und ausgleichen. Termingeschäfte abzuschließen, das heißt Optionen auf Fonds oder Güter zu erwerben, die erst in der Zukunft aktuell werden, entspricht diesem Vorgang in hohem Maße. Alle derartigen Strategien sind Formen, mit der Unvorhersagbarkeit zurechtzukommen, nicht etwa, sie zu beseitigen. Sie bieten Handhaben dafür, in einer Welt, in der es schwierig ist, Vorhersagen zu treffen, das Beste aus dieser unabänderlichen Gegebenheit zu machen.

Sein Wissen erweitern. Der vielversprechendste Weg, mit jener Unvorhersagbarkeit umzugehen, die aus dem Unwissen, nicht aus dem Zufall resultiert, besteht natürlich darin, die

Informationen einzuholen, die notwendig sind, um zu rational getroffenen Entscheidungen zu kommen, statt »sich aufs
Glück zu verlassen«. Natürlich führen die Begrenztheit der
Möglichkeiten, die die Umstände von Raum und Zeit bieten,
und die damit verbundenen Kosten und Zeitverluste dazu,
daß wir von diesen Informationen nicht so viel erwerben
können, wie wir es gern täten. Doch ist es in jedem Fall die
Anstrengung wert, in dieser Richtung zu tun, was man kann.

Es gibt noch eine andere Möglichkeit, den Spielraum, den
das Glück im Leben hat, einzuschränken – nämlich das ziemlich radikale Remedium, zu dem die alten Stoiker und
Epikuräer griffen. Sie empfahlen eine Indifferenz (apatheia),
die die Zahl der Dinge verkleinert, an denen wir interessiert
sind – was das Glück ausschaltet. (Schließlich kann das Glück
keine Rolle spielen, wo es um nichts Positives oder Negatives
geht.) Doch hat dieses Mittel einen allzu hohen Preis.

Weiteres zum Umgang mit Risiken

Leider gehen die Menschen oft auf solche Weise vor, daß
selbst das Glück ihnen nicht zum Vorteil ausschlägt. Der
Spielsüchtige, der darauf besteht, seine Gewinne wieder zu
verspielen, ist einigermaßen unfähig, von ihnen zu profitieren, ganz gleich, wie sehr ihn das Glück begünstigt. In
welchem Maße auch immer Glück und Begabung einem
Napoleon dabei zu Diensten sind, eine lange Kette von
Siegen hervorzubringen, sie würden dem nicht zum Vorteil
gereichen, der darauf bestünde, die Reihe der Schlachten bis
zum Punkt der letztendlichen Niederlage zu verlängern.
»Hungrig« zu sein – nach Gelegenheiten Ausschau zu halten,
die die eigenen Umstände verbessern könnten, und bereit zu

sein, sie beim Schopfe zu packen – ist eine gute Sache; »gierig« zu sein jedoch – alle Arten von Risiken einzugehen und sich darauf zu verlassen, daß das Glück einem zu Hilfe kommen wird – ist in hohem Maße unklug.

Natürlich vermögen Menschen mit Ausdauer und Entschlossenheit oftmals über ein Unglück hinwegzukommen. Indem sie den bösen Überraschungen des Lebens mit einer energischen und positiven Parade entgegentreten, behandeln sie das Glück als Herausforderung auf dem Weg zum Erlangen größerer Güter. George Washington verlor New York und verbrachte einen harten Winter bei Valley Forge, aber mit zäher Ausdauer errang er schließlich den Sieg. Lord Cornwallis mag bei Yorktown gedemütigt worden sein, doch war er imstande, daraufhin seine Sachen zu packen und eine glänzende Karriere in Indien zu machen.

Bei der Verringerung von Risiken liegt wie in allen Situationen, in denen es um Produktkontrolle und Qualitätsüberwachung geht, eine charakteristische Beziehung vor. Wenn wir das Netz zu fest zurren, geht zuwenig hinein, wenn wir es zu weit öffnen, geht zuviel hinein. In allen Situationen, die mit einem Risiko behaftet sind, sind zwei Formen von Irrtümern möglich: daß man sich zu sehr auf das Glück verläßt (»sein Glück nötigt« und sich darauf verläßt, daß es einen aus der Patsche zieht) und daß man sich zu wenig darauf verläßt (»seinem Glück mißtraut« und sich als für das Unglück vorgesehen betrachtet). Diese Irrtümer führen zu übermäßig waghalsigem oder übermäßig vorsichtigem Verhalten, mit der offenkundig unseligen Konsequenz von Fehlschlägen, die man hinzunehmen hat, oder aber Gelegenheiten, die man ungenutzt vorübergehen läßt. Wenn wir versuchen, Irrtümer des ersten Typus (Irrtümer in der Ausführung – Fehler und Versagen) auszuschließen, bringen wir unvermeidlich Irrtümer des zweiten Typus (Irrtümer des Versäumens – verpaßte Gelegenheiten) hervor und umgekehrt. Beide Formen von Irrtümern bezeugen also einen kontraproduktiven Mangel an Realitätssinn. Wenn wir nach einem risikofreien Leben suchen, können wir uns in eine unerträgliche Situation bringen. Vernünftig wäre es, eine Verhaltensweise an den Tag zu legen, die eine angemessene Balance zwischen Versagen und verpaßten Gelegenheiten herstellt – eine Balance, deren »Angemessenheit« auf eine *realistische* Bewertung der jeweiligen Gefahren und Möglichkeiten ausgerichtet sein muß.

Die Kardinalregel lautet: *Handle klug.* Tu, was du auf vernünftige Weise tun kannst, um die Möglichkeiten, Glück zu haben, zu vermehren, und die Möglichkeiten, vom Unglück getroffen zu werden, zu vermindern. Alle üblichen Prinzipien vernünftiger Umsicht treten hier in Funktion: Vermeide unnötige Risiken. Nötige dein Glück nicht. Geh keine Risiken ein, die völlig unproportional zum möglichen Nutzen sind, und verlasse dich nicht darauf, daß das Glück dich den Tag wird heil überstehen lassen. Aber scheue dich auch nicht, gut kalkulierte Risiken einzugehen. Unterlasse nicht, vernünftige Dinge zu tun, die dich für das Glück erreichbar machen.

Mitenthalten in der Empfehlung, klug zu handeln, ist natürlich die Anweisung: *Handle!* Praktisch jede menschliche Unternehmung ist dem Risiko des Fehlschlags oder der Enttäuschung ausgesetzt. Wir können zwar nicht die *Kontrolle* über das Glück erringen, wohl aber *Einfluß* darauf haben, und zwar durch die viel minder dramatischen, aber unendlich viel wirksameren Grundsätze der Vernunft. Drei Hilfsmittel vor allem sind hier in Erscheinung getreten:

Beherrschung von Risiken: die Kontrolle über die Richtung und das Ausmaß besitzen, in dem wir uns Risiken aussetzen, sowie die vernünftige Ansiedlung unseres risikofreudigen Verhaltens im Spektrum von übervorsichtig bis leichtfertig. *Schadenskontrolle:* uns durch kluge Maßnahmen, beispielsweise

Versicherungen, gegen die verheerenden Auswirkungen des Unglücks schützen.

Aus günstigen Gelegenheiten Nutzen ziehen: übermäßige Vorsicht dadurch vermeiden, daß man sich in eine Position bringt, in der man aus günstigen Gelegenheiten Nutzen ziehen kann, um die Aussichten zu vergrößern, daß vielversprechende Möglichkeiten zu tatsächlichem Segen werden.

Doch bleibt die unglückliche Tatsache bestehen, daß alles Planen in der Welt uns nur bis hierher und nicht weiter führt – liegt es doch in der Natur der Dinge, daß selbst die besten Pläne häufig versagen werden. Wir wollen die besten sich bietenden Möglichkeiten ergreifen und nutzen – wenn wir vernünftig sind – zu diesem Zweck Mittel wie das Einholen von Erkundigungen, das Planen und Vorbereiten, den adäquaten Umgang mit Risiken und dergleichen. Und doch ist das Maß, in dem solch nützliche Strategien uns wirklich in die Lage versetzen, unsere Zukunft zu gestalten und zu beeinflussen (oder gar zu beherrschen), allzu offenkundig beschränkt. Wir können nur versuchen, die Rolle, die das Glück in unserem Leben spielt, in Grenzen zu halten; mehr nicht. Angesichts der Begrenztheit unserer Erkenntnis können wir im allgemeinen bestenfalls erreichen, den Spielraum unerwarteter Entwicklungen einzuengen und Sicherungen gegen die negativen Konsequenzen, die wir nicht abwenden können, zu schaffen.

Insoweit wie unvermeidliche Unwissenheit im Hinblick auf die Zukunft ein unausweichlicher Zug des menschlichen Lebens ist, sind Glück und Unglück unentrinnbare Realitäten, die als solche akzeptiert werden müssen.

9. Mit Halbheiten leben

Man kann das Glück nicht aus dem Leben verbannen

Von den Anfängen unserer Spezies an ist viel menschliche
Anstrengung darauf verwandt worden, Praktiken, Systeme und Institutionen zu ersinnen, die den Einfluß, den der
Zufall und die Unvorhersagbarkeit auf unser Leben haben,
verkleinert, und die Zukunft besser handhabbar machen sollten. Der frühe Übergang vom Jäger und Sammler zum Acker-
bauern, vom Nomaden zum Seßhaften erfolgte eindeutig zu
dem Zweck, mit größerer Sicherheit die eigenen Bedürfnisse
befriedigen und die eigenen Ziele erreichen zu können. Über
die Jahrtausende hinweg haben die Menschen ein immenses
Maß an Ingenium und Anstrengung unternommen, um das
Glück zu kontrollieren.

Worum es im Kern des Unternehmens Wissenschaft vor
allem geht, ist das Thema der »Kontrolle über die Natur«. Es
ist klar, daß das erfolgreiche Ausüben von Kontrolle für uns
darin besteht, daß wir den Gang der Dinge an unseren Willen
binden und so inmitten der Natur unsere Ziele erreichen. Die
Tatsache aber, daß auch »unsere Ziele« hier eine Rolle spielen,
bringt das problematische Thema unseres eigenen Beitrags zu
jenem Erfolg aufs Tapet. Schließlich wird es uns zwar, wenn
wir sehr bescheiden in unseren Forderungen (oder aber phan-
tasielos) sind, wohl gelingen, »vollständige Kontrolle über die
Natur« in dem Sinne zu erlangen, daß wir all das zu tun
vermögen, was wir tun *wollen* – doch wird dieser glückliche

Zustand so beschaffen sein, daß wir nur sehr Weniges wirklich erreichen. Tatsache ist, daß das Projekt, die praktische Meisterschaft, zu tun, was immer wir wollen, zu erlangen, niemals in befriedigender Weise vollendet werden kann. Denn dabei dreht es sich offenbar darum um die Verwirklichung unseres Wollens, die sich nach dem bemißt, was wir für möglich halten. Dies wiederum hängt ganz entscheidend mit Theorie zusammen – mit unseren (unvermeidlich unvollkommenen) Einschätzungen von Wahrscheinlichkeit und Realität. Die Idee, die »Kontrolle über die Natur« zu perfektionieren, ist also höchst problematisch.[1]

Einer der Faktoren, die diese Problematik ausmachen, ist die *kausale Impotenz*. Anders als, sagen wir, der Finanzminister oder der Präsident der Bundesbank können die meisten nichts tun, um etwa den Aktienmarkt zu beeinflussen: dies ist eine Angelegenheit, die jenseits der Reichweite unserer Macht liegt. Ein anderer beschränkender Faktor ist der *Mangel an Informationen*, die für eine Prognose notwendig wären. Wenn ich wüßte, welche Aktienkurse morgen steigen werden, dann würde ich, da es in meiner Macht steht, Aktien zu kaufen, eine Menge Geld verdienen. Eine Zukunft aber, die wir nicht vorhersehen können, ist aus eben diesem Grunde eine Zukunft, über die wir keine Kontrolle haben können. Geschichtliche Erfahrung und theoretischer Befund deuten gleichermaßen darauf hin, daß diese beiden Faktoren, die Machtlosigkeit und die Unwissenheit, unser Vermögen, den Verlauf der Ereignisse in der Natur zu manipulieren und die zukünftigen Konsequenzen unseres gegenwärtigen Tuns unter Kontrolle zu halten, streng begrenzen.

Hier liegt die Wurzel des Glücks. Dort, wo wir kein Wissen erlangen und keine Kontrolle ausüben können, sind wir notwendig dem Glück anheimgegeben. Setzt man zum einen die Grenzen des menschlichen Wissens und der menschlichen Macht, zum anderen die große Bedeutung, die den Kontin-

genz erzeugenden Faktoren Zufall, Chaos und Entscheidung
– nicht zu reden von der Unwissenheit als solcher – zukommt, als gegeben voraus, dann ist das Glück ein Phänomen, das wir einfach als unentrinnbares Faktum des Lebens
zu akzeptieren haben.

Es ist sogar die Frage, ob das Glück etwas uneingeschränkt
Positives ist. Oberflächlich betrachtet scheint es so zu sein.
Natürlich wird jeder vernünftige Mensch lieber Glück als
Unglück haben. Aber so einfach liegen die Dinge nicht. Denn
es gibt zwei verschiedene Formen, Glück zu haben: unerwartete gute Dinge geschehen, oder erwartete schlechte Dinge
geschehen nicht. Ein Leben zu führen, in dem man ständig
nur durch puren Zufall und um Haaresbreite irgendeinem
Unglück entgeht, heißt viel Glück im Leben haben. Ein be-
neidenswertes Leben aber ist das nicht. Lieber ein Leben, das
fade und ereignislos ist, als eines, das sich durch das zweifel-
hafte Glück einer langen Kette von gerade noch abgewen-
deten Katastrophen auszeichnet.

Natürlich behandeln Schicksal und Glück einige freund-
licher als andere. Aber auch diesen bieten sie keine verläßliche
Sicherheit. Die Möglichkeit einer Katastrophe irgendwelcher
Art ist immer gegeben. Ganz ohne Glück können wir nicht
auskommen.

Mit Halbheiten leben

Selbst wenn wir zugeben, daß wir das Glück nicht aus dem
Leben verbannen können, bleibt die Frage, ob wir es tun
wollten, wenn wir denn könnten. Ist die Rolle, die das Glück
im menschlichen Leben spielt, uneingeschränkt als Unglück
zu betrachten? Würden wir überhaupt wünschen, daß das

Projekt kognitiver prognostischer Kontrolle sich vervoll-
kommnen ließe, so daß das Element des Zufalls eliminiert
und die Zukunft zu einer »todsicheren Sache« würde? An diesem Punkt stellen sich eine Unmenge verstörender Fragen.
Wieviel würden wir tatsächlich wissen wollen über die Zukunft – über jene relativ nahe Zukunft jedenfalls, die für uns
und für die, die uns bekannt sind und uns am Herzen liegen,
am bedeutsamsten ist? Würden wir wirklich im voraus von
den Katastrophen und dem Leiden wissen wollen, das die
Zukunft für uns bereithält? Diese Fragen stellen eine Herausforderung dar. Sie positiv zu beantworten setzte voraus, daß
wir Dinge anerkennen müßten, denen wir ungern ins Auge
sehen: könnte man einen Menschen doch kaum härter bestrafen, als ihn zu zwingen, sich mit dem Zeitplan für die eigene
Zukunft zu konfrontieren – gleichsam Station für Station sich
über die größeren Ereignisse des eigenen Lebens in Kenntnis
zu setzen. Welches Unglück würde nicht um ein vielfaches
größer, wenn man es schon lange vorher kommen sähe, welcher Triumph nicht in beträchtlichem Maße verringert, wenn
man schon vorher wüßte, daß er kommen, aber nicht von
Dauer sein wird?

Es ist das Element der Offenheit und Ungewißheit, das
der Gegenwart die Würze gibt und uns der Zukunft ein ge-
spanntes Interesse entgegenbringen läßt. Die Faktoren der
Kontingenz und der Unvorhersagbarkeit aber spielen hier
eine zentrale Rolle. Es macht in der Erfahrung einen großen
Unterschied, ob man ein und dasselbe Match zum ersten Mal
spielt oder aber zum zweiten Mal, wenn das Ergebnis schon
»beschlossene Sache« ist. Die pure Unvorhersagbarkeit
verleiht den Ereignissen des Lebens ein besonderes Interesse.
Gerade der Aspekt der Ungewißheit im Rahmen streng defi-
nierter Grenzen verleiht der Detektivgeschichte oder dem
Horrorfilm Spannung, und ebenso erzeugt vollkommene Gewißheit Langeweile. Wir bewundern die technischen Fähig-

keiten des Schwertschluckers. Doch die allgegenwärtige Möglichkeit, daß vielleicht etwas schiefgeht, versieht den Vorgang zusätzlich mit einem besonderen Nervenkitzel. Ein Pastiche, wo alles schon beschlossene Sache ist, macht das Leben öde, uninteressant und unerträglich.

Erich Fromm hat den Finger auf den entscheidenden Punkt gelegt: »Der Mensch ist das einzige Lebewesen, das sich *langweilt, unzufrieden* ist und sich aus dem Paradies ausgeschlossen glaubt. Die eigene Existenz ist ihm zu einem Problem geworden, das er lösen muß und dem er nicht entfliehen kann. Er kann nicht auf einen vormaligen Zustand der Harmonie mit der Natur regredieren […].«[2] Zufall, Novität, Überraschung und Unvorhersagbarkeit – also das Glück – sind Faktoren, die die menschliche Existenz zu einem lebensfähigen Projekt machen. Unsere psychologische und gefühlsmäßige Verfassung ist so beschaffen, daß wir in einer vorprogrammierten Welt, in der der Rest unseres Schicksals und unserer Zukunft vorbestimmt und aus den Realitäten der Gegenwart schon zu ersehen wäre, nicht würden leben wollen. Selbst um den Preis, dem unglücklichen Zufall zum Opfer zu fallen, sehnen wir uns nach dem Neuen, nach einer Befreiung von allzu festgefahrenen Lebenssituationen. Wir könnten das Glück nur um den Preis eliminieren, ein völlig von der Routine bestimmtes Leben zu führen. Wie eine Kolonie von Insekten oder eine Spezies von Fischen würden wir, wenn wir das wollten, nach stabilen Lebensbedingungen suchen und uns gegebenenfalls an sie anpassen. Der Homo sapiens aber ist ein innovatives Geschöpf, das mit einem unersättlichen Bedürfnis ausgestattet ist, seine Welt zu erkunden, Entdeckungen zu machen und auf Neues zu stoßen.

Ein gewisses Maß an Ungewißheit ist wichtig für die »Würze des Lebens«. Dennoch, das Element der psychologischen Distanz ist wichtig. Wenn unser Schicksal uns nicht allzusehr auf den Nägeln brennt – wenn es nicht unser eigenes

Schicksal ist, das in der Schwebe ist –, dann ist Unwissenheit
ein Segen. Wenn aber unsere eigene Sicherheit (oder diejenige derer, die uns lieb und teuer sind) auf dem Spiel steht,
dann ist die Unvorhersagbarkeit keine Quelle besonderen
Interesses, sondern ein Grund zur Sorge. Ein kurdischer Hei-
liger im Irak unserer Tage, der in seinen Träumen weissagende
Botschaften von einem Vorgänger aus dem zwölften Jahrhundert empfängt, soll seinen Widerwillen, all diese Träume mit-
zuteilen, mit den Worten erläutert haben: »Ich behalte eine
ganze Menge davon für mich. Denn wieviel können die Menschen akzeptieren? Es ist oft das Beste in dieser Welt, unwissend zu sein.«[3] Es liegt viel Weisheit in diesem Standpunkt.
Denn gehört es nicht zu den Dingen, die unseren beständigen
Übergang in die Zukunft erträglich machen, daß wir nicht
wissen, was sie bringen wird? Der Schleier der Unwissenheit
läßt Raum für Hoffnung, und es gibt nichts Schlimmeres, als
die Hoffnung zu verlieren.

Vorhersagbarkeit ist also nicht das ein und alles. Arthur
Schlesinger jr. hat diesen Punkt beredt zum Ausdruck gebracht:

Ich vermute, daß die menschliche Sehnsucht nach
Kenntnis der Zukunft unstillbar ist. Sie ist der Grund
dafür, daß Wahrsager, Astrologen, Kartenleser und
Handlinienleser aus dem Boden schießen. Aber was für
ein Glück, daß die Zukunft selbst beständig jenen, die
sie enthüllen zu können behaupten, ein Schnippchen
schlägt! Denn welchen Spaß hätten wir noch am Leben, wenn die Zukunft vorhergesagt werden könnte?
Vollständige Vorhersagbarkeit impliziert ein determi-
nistisches Universum, das die menschliche Freiheit zur
Illusion zu machen droht. Gerade das Nichtdeter-
miniertsein der Dinge verleiht uns die Kühnheit zu
glauben, daß wir selbst – in Grenzen – unsere Zukunft

bestimmen können. Preisen wir also die Geschichte
dafür, daß sie nicht davon abläßt, immer noch klüger
zu sein als wir mit all unseren Gewißheiten.[4]

Sofern wir nicht bereit sind, anders zu werden, als wir sind
– den Spinozistischen Trieb zur Selbsterhaltung aufzugeben,
der jede natürliche Spezies dazu treibt, als die Art von Geschöpf, die sie ist, fortbestehen zu wollen[5] –, müssen wir den
begrenzten Spielraum der Vorhersagbarkeit akzeptieren.

Das Glück leistet aber noch einen weiteren bedeutsamen
Beitrag, denn es sorgt dafür, daß nicht immer die Schnellsten
das Rennen machen. Indem es verhindert, daß das Leben eine
reine Meritokratie ist, übt das Glück einen demokrati-
sierenden Einfluß aus. Es ist für jene, deren Chancen, etwas
zu erreichen, spärlich sind, ein Hoffnungsschimmer.

Das Glück aus unserem Leben zu eliminieren würde bedeuten, uns zu etwas anderem zu machen: zu musterhaften
Geschöpfen, die zu sein wir von unserem Wesen her nicht
imstande – und vielleicht auch nicht willens sind. Die andere
Seite der Medaille der Glücksverheißung aber ist die Möglichkeit von Unglück. Die Zweideutigkeit der Existenz besteht insofern darin, daß wir ein Leben führen müssen, das
uns nur möglicherweise befriedigen kann.

Aus umfassenderer, philosophischer Perspektive besteht
das entscheidende Faktum somit darin, daß die Rolle, die das
Glück im menschlichen Leben spielt, die kognitive Situation
des Homo sapiens in ihrer Begrenztheit beleuchtet. Diese Begrenztheit spiegelt wider, daß wir aus dem Garten Eden ver-
trieben wurden, um der Gnade einer Welt anheimgestellt zu
sein, über die wir nur unvollkommene Information und
Kontrolle haben.

Vor langer Zeit schon haben die Kirchenväter darauf
bestanden – und Pascal hat es von neuem betont –, daß der
Adel der conditio humana in unserer Fähigkeit besteht, große

Ziele mit begrenzten Mitteln zu erreichen. Das Element des Zufalls aus unserem Leben zu verbannen würde buchstäblich bedeuten, uns zu *dehumanisieren*. Schließlich heißt frei zu handeln ein Wesen zu sein, dessen Handlungen und Reaktionen nur »post factum« bekannt sind. Anders, als Kant meinte, ist es nicht die *Moral*, die eine mit Vorhersagbarkeit unvereinbare Freiheit voraussetzt, sondern vielmehr das *Menschsein* selbst.

Was das Glück betrifft, sind wir zufrieden – und müssen es sein –, gleichsam auf halbem Wege zu leben. Die klassische Evolutionstheorie betrachtet die biologische Evolution als eine Mischung aus blindem Geschehen (zufälliger Variation) und Überlebenskunst (Auslese durch Anpassung). Sie lokalisiert den Zufall damit im Kern, im Innersten der Entwicklung der menschlichen Spezies. Aber es muß natürlich auch Vorhersagbarkeit geben, weil wir ohne sie nicht überleben könnten. Wir brauchen und suchen das Neue, das Ungewisse, ja das Gefährliche, doch soll es uns trotz alledem auf vorhersagbare Weise widerfahren. Auf eine Art und Weise zu leben, die unsere Lebensumstände in hohem Maße vorhersehbar macht – zumindest was die fundamentalen Dinge betrifft –, ist ein wichtiges Element unserer Strategie, in einer komplexen Welt zu überleben.

Erhellend ist die Analogie zum Spiel. Das Leben ist für uns wie eine Partie Schach, die von Großmeistern gespielt wird. Einerseits gibt es da Vorhersagbarkeit: Wir wissen ganz genau, wie sie ihre Figuren bewegen – nämlich nach den Regeln des Schachspiels. Wir wissen aber nicht im voraus, welche Züge sie tatsächlich machen werden. Dieser Aspekt des Spiels aber ähnelt dem menschlichen Leben: im Rahmen elementarer Vorhersagbarkeit nach den Gesetzen der Natur gibt es beträchtliche Ungewißheit.

Es gehört zweifellos zum Wesen des Menschseins, daß wir in bezug auf die Vorhersagbarkeit mit Halbheiten leben – mit einer Mischung aus Wissen und Unwissenheit, deren Anteile nach den Zeitumständen variieren mögen, aber immer zwischen den Extremen liegen. Natürlich kann man sich ein Geschöpf vorstellen, in dessen Leben das Glück keine Rolle spielte, ein Geschöpf, das an nichts ein Interesse hätte, oder ein anderes, dessen Wohlergehen und Wohlsein gänzlich von der Vorhersagbarkeit von Ereignissen abhinge. Ein solches Wesen würde ein Leben ohne Spannung, ohne Überraschungen führen, ein Leben, das aller unerwarteter Wendungen beraubt wäre, ein Leben, in dem alles nach einem im voraus entworfenen Plan automatisch abliefe. Dieses Geschöpf wäre aber zweifellos ganz anders, als wir es sind. Und wir würden sicher nicht mit ihm tauschen wollen, denn wir haben uns nach den Gesetzen der natürlichen Auslese auf eine Lebenswelt hin entwickelt, deren modus operandi ein ganz anderer ist.

Eine weitere Bedeutung liegt in der Rolle, die das Glück, der Zufall, als eine Art Gleichmacher im menschlichen Leben spielt – als ein Faktor, der die Verkalkung der gesellschaftlichen Arterien verhindert. Die Mobilität, die er in der Auf- und Abwärtsbewegung schafft, ist wichtig, weil er Stabilität verhindert, wo das sozioökonomische Schicksal der Individuen weitgehend durch die Ressourcen der Erbmasse, die ein Mensch bei seiner Geburt hat, bestimmt wird.

Wir brauchen (und haben allem Anschein nach) ein Gleichgewicht: eine Welt, die vorhersagbar genug ist, um uns die Führung unseres Lebens möglich und – im großen und ganzen – annehmlich zu machen, aber auch unvorhersagbar genug, um Platz für ein Element spannungsgeladenen Interesses zu schaffen.

Das Glück und die conditio humana

Der letzte Grund ist damit aber noch nicht erreicht. Wir würden die Unvorhersagbarkeit nicht von der Weltbühne entfernen wollen, weil dies unser Leben entschieden ärmer machte. Wir *sollten* sie auch nicht entfernen wollen. Wenn alle Vorkommnisse in der Welt vorhersagbar wären – auch unsere eigenen, dann nur *vermeintlich* freien Entscheidungen –, könnten wir uns nicht als frei Handelnde betrachten. In einer vorhersagbaren Welt würde für freies menschliches Handeln kein Raum bleiben. Wir wären nur noch Marionetten, die nach einem vorbestimmten Text spielen. Unsere vermeintlich freien Entscheidungen würden in die Sphäre von Schein und Illusion verwiesen. Es wäre ausgeschlossen, daß wir uns für frei handelnde Wesen halten könnten.

Das Glück zu eliminieren hieße also auch, die menschliche Freiheit zu eliminieren, uns zu einer Art Automaten zu machen. Es ist eine Tatsache, daß das, was wir im Hinblick auf gegenwärtige Zwecke *sind*, in dem besteht, was wir *zu sein scheinen* – was wir, weil unsere innere Natur es so von uns verlangt, für uns selbst sind. Ein wichtiger Teil von uns fordert, daß wir uns als frei handelnde Wesen betrachten – daß wir jede Versuchung zurückweisen, uns als eine Art Automaten zu betrachten, dessen Wünsche und Entscheidungen längst vorbestimmt sind. Und uns selbst so zu sehen fordert natürlich, dieselbe Freiheit auch den anderen zuzubilligen. Wir haben keine andere Wahl, als in ihnen Handelnde zu sehen, deren Tun für uns – auch für sie selbst – etwas Zufälliges und nicht vollkommen Vorhersagbares hat.

Das Glück ist daher im guten wie im bösen ein Faktor, mit dem wir uns arrangieren müssen – wobei wir es in letzter Konsequenz auch gar nicht anders haben wollten. Der entscheidende Punkt ist, daß die Eliminierung des Glücks aus unserem

Leben weder möglich ist (solange wir frei handelnde Wesen sind) noch wünschenswert (solange wir Wesen sind, die in einer vorhersagbaren, vom Zufall freien Welt nicht gedeihen könnten). Ein Geschöpf, in dessen Leben das Glück keine Rolle spielt, wäre etwas ganz anderes, als wir es sind, wäre zu einer Existenz verdammt, die wir abschreckend fänden.

Glück und Vernunft

Ob es möglich ist, einen Sinn mit dem Glück zu verbinden? Ob eine Welt, in der unser Leben durch reinen Zufall gelingt, in kohärenter Weise interpretiert werden kann? Die Antwort lautet: natürlich. Es ist die größte Leistung der Vernunft, daß sie die Dinge als die begreifen kann, die sie sind. In einer Welt aber, in der Kontingenz und Unwissenheit lebendige Realitäten sind, in der Zufall und Unvorhersehbarkeit zu den Gegebenheiten des Lebens zählen, muß und kann die Vernunft dazu ein Verhältnis bekommen. Es liegt in der Natur der Dinge, daß es keinen guten Grund dafür geben wird und geben kann, daß jemand Glück hat, ein anderer aber nicht. Die Vernunft ist jedoch in der Lage, die Wirkungsweise des Glücks zu verstehen, sie kann die Grenzen ihres eigenen Herrschaftsbereichs in einer Welt erkennen, deren unvollkommene Vernunftwesen weder prognostische noch praktische Herrschaft erlangen können.

Für den rationalistischen Philosophen bestünde das Ideal zweifellos in einer Welt, in der das Leben am erfolgreichsten ganz allein nach Prinzipien von Klugheit und gesundem Menschenverstand gelebt werden könnte – in einer Welt, in der das Wirkliche ganz und gar vernünftig wäre. Das Eingreifen des Zufalls, des Sinnlosen als Feindes der Vernunft aber sorgt dafür,

daß dieses Ideal nicht realisierbar ist. Gleichwohl behält die
Vernunft das letzte Wort: sie kann die Beschränkungen erkennen, denen die Rationalität unterliegt.

Fest steht, daß Vernunft und Klugheit unsere beste Vertei-
digungslinie gegen das Unglück sind. Es ist *niemals* vernünftig, unintelligent vorzugehen; Irrationalität läßt sich (rational)
nicht verteidigen. Sicher kann man die Vernunft in den Wind
schlagen oder vernachlässigen. Aber man kann es nicht auf
vernünftige, vernunftgemäße Weise tun.

Wenn dies so ist, dann stellt sich die Frage: In welchem
Maß sollen wir unser Leben nach Vernunftprinzipien aus-
richten?

Die verbreitete Annahme, Rationalität sei »kalt«, »ohne
Leidenschaft«, »unmenschlich«, ist falsch. Aktionen, die *aratio-
nal* sind, also keinen Vernunftgebrauch involvieren, sind von
solchen zu unterscheiden, die *irrational*, das heißt vernunft-
widrig sind. Die Vernunft kann eine Unmenge nützlicher
Aktivitäten wie Geselligkeit, Zerstreuung, Erholung, bei denen sie nur eine untergeordnete Rolle spielt, als vollkommen
angemessen anerkennen. Das Eingehen von Risiken steht
ebenfalls auf dieser Liste.[6] Die Vernunft selbst ist bereit, ris-
kante Aktivitäten zu billigen, weil sie ihren Wert erkennt.

Mag der Homo sapiens auch tatsächlich ein vernünftiges
Wesen sein, so ist er doch *nicht nur* das. Menschsein umfaßt
mehr als nur Rationalität. Unsere natürliche Ausstattung ist
komplex, beinhaltet viele Charakterzüge und Aspekte. Die
Tatsache, daß der Mensch ein vernünftiges *Tier* ist, bedeutet,
daß zu seinem Wesen erheblich mehr gehört als nur Vernunft.

Philosophen der Antike – allen voran Aristoteles – haben
auf dem Primat eines intellektuellen Vergnügens bestanden,
das wir an der Betätigung der Vernunft haben. Sie behaupte-
ten, daß nur die rein rationalen Aktivitäten des Intellekts – das
Lernen, das Verstehen, das Urteilen – eine Befriedigung
verschaffen, die einem vernünftigen Wesen würdig sei.

Diese Gedanken sind höchst problematisch. Rationalität verlangt nicht, daß wir Befriedigung nur in der Vernunft suchen und den aus ihr sich ergebenden Genuß als den einzig wahren betrachten. Die Vernunft kann durchaus die Notwendigkeit von Abwechslung sowie die Bedeutsamkeit von Aktivitäten, die wenig Vernunftgebrauch erfordern, anerkennen. Die Vernunft betont selbst, wie wichtig eine *Balance* der verschiedensten Güter innerhalb einer komplexen Ökonomie der Werte ist, und sie betont dies, obwohl diese komplexe Ökonomie diverse weltlich arationale Güter umfaßt. Darauf zu bestehen, daß rationale Befriedigung – reflexives Zufriedensein – und nicht etwa der bloße Genuß der Angelpunkt wahrhaften Glücks ist, heißt nicht, daß die gewöhnlichen Genüsse keinen legitimen Platz in einem wahrhaft glücklichen Leben hätten. Es gibt keinen vernünftigen Grund dafür, daß rational denkende Menschen ein graues, eintöniges, risikofreies Leben führen müßten. Da wir so sind, wie wir sind, ist es nicht sehr vernünftig, das Glück aus der Welt verbannen zu wollen.

Zweifellos können Menschen in ein Übermaß an Berechnung und Planung verfallen. Der springende Punkt ist aber, daß die Rationalität selbst sich gegen eine solche Übersteigerung sperrt. »Zu vernünftig« zu sein hieße strenggenommen, nicht vernünftig genug zu sein. Es ist vollkommen vernünftig, in diesem Leben gelegentlich unvorsichtige oder gar verrückte Dinge zu tun – die Eintönigkeit zu durchbrechen und einer andernfalls prosaischen Existenz ein Element von Novität und Aufregung zu hinzuzufügen. Schließlich ist die Rationalität ebenso auf Werte wie auf bloße Ziele ausgerichtet und sicher imstande, den Wert des Genusses – auch eines solchen, der voraussetzt, daß man »seinem Glück vertraut« – in gleichem Maße anzuerkennen, wie sie den der Leistung zu würdigen imstande ist.

Zu behaupten, die Vernunft sei kalt, unmenschlich, blutleer und menschlichen Werten gegenüber indifferent, heißt sie *mißzuverstehen*. Die Vernunft ist kein bloßes Instrument, das nicht in der Lage ist, die Ziele, zu deren Verwirklichung sie eingesetzt wird, kritisch ins Auge zu fassen; ihr bestimmendes Charakteristikum ist der Gebrauch der Intelligenz.

Gerade weil die Vernunft das Glück nicht domestizieren kann, kann sie es als das, was es ist, anerkennen und sich zu ihm ins Verhältnis setzen.

Eine evolutionäre Perspektive

Ein Verhältnis zum Glück zu bekomme, dürfte uns leichter fallen, wenn wir bedenken, daß das Glück unsere Spezies zu dem gemacht hat, was sie heute ist. George G. Simpson hat sehr zu Recht die vielen zufälligen Wendungen hervorgehoben, die dem Verlauf der Evolution eigen waren, indem er darauf bestanden hat, daß die Abdrücke der Fossilien sehr deutlich zeigen, daß es keine zentrale, stetig auf ein Ziel hinführende Linie vom Protozoon zum Menschen gibt. Statt dessen hat es ein ständiges und kompliziertes Sich-Verzweigen und Sich-Verästeln gegeben, so daß, ganz gleich, welchem Verlauf wir durch die Äste und Zweige folgen, wiederholte Wechsel sowohl der Stärke als auch der Richtung der Evolution zu erkennen sind. Der Mensch aber ist nichts als das Ende eines letzten dieser Äste und Zweige. Selbst leichte Änderungen in früheren Abschnitten der Geschichte hätten tiefe kumulative Auswirkungen auf alle weiteren Organismen durch die nachfolgenden Millionen von Generationen hindurch gehabt. Jede Spezies wäre heute mit Sicherheit anders, wenn der Anfang, aber auch irgendeins der Stadien in der Geschichte der Organismen und ihrer Lebenswelten anders gewesen wäre, so daß ihr Dasein, so wie es heute beschaffen ist, auf eine sehr genaue Abfolge ursächlicher Ereignisse durch zwei Milliarden Jahre oder mehr zurückzuführen ist. Der Mensch kann keine Ausnahme von dieser Regel sein. Wäre die Kausalkette eine andere gewesen, gäbe es den Homo sapiens nicht.[7]

Was die Evolution hervorbringt – sei es auf dem Gebiet des natürlichen Lebens, der Intelligenz oder der menschlichen Kultur –, ist immer das Produkt einer großen Zahl an sich unwahrscheinlicher Ereignisse. Die Entfaltung von Entwicklungen vollzieht sich durch eine Reihe von Fragen, deren Antworten einen Prozeß darstellen, der sich über ein Möglichkeitsspektrum von ehrfurchtgebietend großen Proportionen erstreckt. Das Resultat entspricht nur einem ganz bestimmten kontingenten Pfad inmitten eines Möglichkeitsraums, der mit jedem Schritt Raum für weitere kontingente Ereignisse schafft. Ein evolutionärer Prozeß ist eine in hohem Maß von Wenn und Aber abhängige Sache – ein komplexes Labyrinth, in dem es einer großen Zahl von Wegbiegungen bedarf, damit die Entwicklung so vonstatten geht, wie sie es tut.

Natürlich leben wir in einer von Gesetzen geregelten Welt, nicht in einer Anarchie. In der Natur verläuft auch der Zufall in gesetzmäßigen Bahnen. Gleichwohl aber diktiert er, was tatsächlich real wird. Vor allem die Entwicklung der genetisch-biologischen Typen (Spezies), die sich in der Natur finden, ergibt sich aus einer Vielzahl zufälliger Ereignisse, durch die der Verlauf der Evolutionsgeschichte charakterisiert ist. Im Rückblick sieht alles unvermeidbar aus, die zahllosen Alternativen sind schnell aus dem Sinn. Wären die Dinge nur um ein geringes anders verlaufen, hätte sich die menschliche Spezies nicht entwickelt.[8]

Der Möglichkeitstheorie der alten griechischen Atomisten ist in diesem Zusammenhang ein interessantes Lehrstück zu entnehmen. Aus einer euklidisch-infinitistischen Anschauung vom Raum stellten sie eine Theorie von der Existenz zahlloser Welten auf:

Es gebe unendlich viele Welten von unterschiedlicher Größe. In einigen gebe es keine Sonne und keinen Mond, in anderen seien sie größer, und wieder in anderen gebe es mehr Sonnen und Monde als bei uns. Die Zwischenräume zwischen den Welten seien ungleich, die Welten selbst in einem Gebiet zahlreicher, in einem anderen weniger zahlreich, die einen wüchsen und stünden in Blüte, die anderen seien in Schwund begriffen, und an einer Stelle entstünden sie neu, an anderer gingen sie zugrunde. Vernichtet würden sie dadurch, daß sie aufeinanderstoßen. In einigen Welten gebe es keine lebenden Wesen und keinerlei Feuchtigkeit ...[9]

Auf dieser Grundlage lehrten die Atomisten, daß jede Möglichkeit tatsächlich irgendwo, an dieser oder jener Stelle, Wirklichkeit geworden sei. Auf die hypothetische Frage »Warum haben Hunde keine Hörner: warum ist die theoretische Möglichkeit, daß Hunde Hörner haben könnten, nicht Wirklichkeit geworden?« hätten die Atomisten geantwortet, daß diese Möglichkeit in der Tat Wirklichkeit geworden sei, aber – *in einer anderen Region des Universums.* Irgendwo im unendlichen Weltraum gebe es eine zweite Welt, die in jeder Hinsicht wie die unsrige beschaffen sei – mit einer Ausnahme: daß die Hunde derselben Hörner hätten. Die Wirklichkeit werde allen Möglichkeiten von Welten durch Verteilung im Raume gerecht. So wie die Atomisten die Dinge betrachteten, sind tatsächlich *alle* alternativen Möglichkeiten in den verschiedenen Subwelten aktualisiert, die der materialistische Gedanke in einer übergeordneten, räumlich unendlichen Welt zusammenfaßt.

Die Theorie der praktisch unendlichen Möglichkeiten wurde vom geschlossenen Kosmos des aristotelischen Weltbilds abgelöst, welches das kosmologische Denken Europas

für fast zwei Jahrtausende beherrschte. Das Aufbrechen des
aristotelischen Modells im Zeitalter der Renaissance und seine
Ersetzung durch die infinitistische Anschauung, die uns heute
aus der Newtonschen Physik her geläufig ist, ist einer der
großen Wendepunkte in der intellektuellen Tradition des We-
stens – Alexandre Koyré hat davon in seinem Buch mit dem
glänzend gewählten Titel *Von der geschlossenen Welt zum unendlichen Universum*[10] ein beeindruckendes Porträt gezeichnet.

Der italienische Philosoph Giordano Bruno hatte ein fast
schon dämonisches Vergnügen daran, die geschlossene aristotelische Welt in ein unendliches, durch endlose Räume sich
verteilenden Universum explodieren zu sehen. Andere waren
von dieser Vision entsetzt: John Donne sprach vom »Verlust
jedweden Zusammenhangs«, und Pascal flößte das »ewige
Schweigen der unendlichen Räume« Angst ein. Niemand
aber bezweifelte, daß die Stiftung des Newtonschen Welt-
bildes ein umwälzendes Ereignis in der Entwicklung des westlichen Denkens darstelle.

Erstaunlicherweise schlug die erneute Verendlichung des
Universums, die aus Einsteins allgemeiner Relativitätstheorie
resultierte, in philosophischen und theologischen Kreisen fast
keine Wellen – trotz der gewaltigen Aufregung, die von anderen Aspekten der Einsteinschen Revolution ausging. (Denn
die Raum-Zeit der allgemeinen Relativitätstheorie ist letztlich noch radikaler endlich als das aristotelische Weltbild, das
die Möglichkeit einer zeitlich unendlichen Zukunft zumindest offenließ.)

Es mag so scheinen, daß die hier gemeinte Endlichkeit
nicht so bedeutsam sei, weil die Räume und Zeiten der modernen Kosmologie so gewaltig sind. Diese Ansicht ist jedoch
zu unbekümmert. Der Unterschied zwischen dem Endlichen
und dem Unendlichen ist immens, und er ist für unseren
Kontext von ausschlaggebender Bedeutung. Er besagt, daß
wir vermuten müssen, daß viele sehr unwahrscheinlicher,

bloß möglicher Ereignisse an vielen Orten nicht eintreten
werden und daß eine zureichende Unwahrscheinlichkeit
vielleicht generell die Verwirklichung eines Möglichen ausschließt. Die entscheidende *philosophische* Bedeutung der
kosmischen Endlichkeit liegt in dem Faktum, daß in einem
endlichen Universum nur ein endliches Spektrum von Alternativen wirklich werden kann. Ein endliches Universum muß
sich darüber, was es zum Inhalt haben »möchte«, in weit radi-
kalerer Weise »Gedanken machen« als ein unendliches. Daß es
sich für uns entschieden hat, muß (von uns) als enormer
Glücksfall betrachtet werden.

Anhang

Das Maß des Glücks

Die Größe des Glücks hängt von dem Ausmaß ab, in dem die Auswirkungen eines Ereignisses E für jemanden glücklich oder unglücklich sind. Sie ist eine Funktion des Unterschieds, den E für die mit ihm verbundenen, durch $\Delta(E)$ dargestellten Interessen macht. Um aber zu einer plausiblen Formel zu gelangen, müssen wir diese Quantität mit der Wahrscheinlichkeit oder genauer Unwahrscheinlichkeit von E in Zusammenhang bringen: $1 - w(E)$. (Je wahrscheinlicher ein Ereignis ist, desto weniger hat es mit Glück zu tun.) Wenn wir diese Komplikation auf möglichst ökonomische Weise zum Ausdruck bringen wollen, gelangen wir zur folgenden Formel für das Maß des Glücks, das mit dem Ereignis E verbunden ist:

$$\gamma(E) = \Delta(E) \cdot \big(1 - w(E)\big) = \Delta(E) \cdot w(\neg E)$$

Das Maß γ kombiniert also − durch einfache Multiplikation jener beiden entscheidenden Faktoren − den Unterschied zum Guten oder Schlechten und die Unwahrscheinlichkeit, die das Wirklichwerden eines glücklichen (oder unglücklichen) Ereignisses hat. Wenn die Quantitäten zum einen der (Un-)Wahrscheinlichkeit eines Ereignisses, zum anderen seiner differentiellen Auswirkung auf die Schicksale eines Menschen selber meßbar sind − was keineswegs immer der Fall

ist –, stellt das oben definierte Maß γ eine Form dar, das Glück
zu quantifizieren.

Beachtet werden sollte vor allem, daß sich aus der Sicht
dieser Maßformel automatisch die folgenden Konsequenzen
ergeben:

1. Mit verschiedenen Maßen (Δ) für die Auswirkungen
   eines Ereignisses auf die eigenen Interessen ergeben
   sich potentiell verschiedene Formen, das Glück (γ) zu
   messen.

2. Bei Ereignissen, die mit so geringer Wahrscheinlichkeit eintreten, daß $w(E) \cong 0$ ist, wird $γ \cong Δ$ sein. Hier
   tritt das Glück als solches in den Hintergrund, so daß
   wir es nur noch mit dem Schicksal zu tun haben.

3. Bei Ereignissen, die mit so hoher Wahrscheinlichkeit
   eintreten, daß $w(E) \cong 1$ ist, wird $γ \cong 0$ sein. Bei Ereignissen, die praktisch mit absoluter Sicherheit eintreten,
   ist kein Glück im Spiel.

4. Im allgemeinen gilt: $|γ| \leq |Δ|$. Man kann mit einem
   Ereignis nicht mehr Glück (oder Pech) haben, als dem
   Maß entspricht, in dem sein Wirklichwerden von
   positiver (oder negativer) Bedeutung ist.

5. Wo Ereignisse gleichermaßen positiv (oder negativ)
   sind (wo ihre Δ-Werte gleich sind), entspricht das mit
   ihrem Wirklichwerden verbundene Glück ihrer Unwahrscheinlichkeit (das heißt der Wahrscheinlichkeit
   ihres Nichteintretens): je unwahrscheinlicher ein Ereignis, desto größer das Glück, das zu seinem Wirklichwerden beigetragen hat.

6. Zum Glückhaben gibt es zweierlei Gegenteil. Es ist
   notwendig, zwischen Situationen zu unterscheiden, in
   denen überhaupt kein Glück im Spiel ist, und solchen,
   in denen jemand kein Glück hat. Die erste bedeutet,
   daß $γ = 0$ ist, die zweite, daß γ (sehr) negativ ist.

Anmerkungen

Einleitung

1   Zu den historischen Details vgl. Richard Rhodes, *The Making of the Atomic Bomb*, New York 1988.

2   »Ich mache nur ein magres Glück bei der Partie«. William Shakespeare, *Sämtliche Werke in drei Bänden*, nach der 3. Schlegel-Tieck-Gesamtausgabe von 1843/44, Bd. 1, München 1993. Das Verb »luck (out«) bedeutet »gut ausgehen infolge glücklicher Umstände« (in Caxtons *Raynar* (1481) ist zu lesen: »When it so lucked that we toke an ox or a cowe« – »Wenn es uns glückte, einen Ochsen oder eine Kuh zu erlangen«).

3   Für einige der besten Wörterbücher der Philosophie – sofern sie nämlich in deutscher Sprache verfaßt sind – existiert der Begriff »luck«, so wie ihn die englische Sprache kennt, schlichtweg nicht; sie berücksichtigen nicht, daß es besonders, ja einzigartig ist, wenn Glück oder Unglück aus dem bloßen Zufall resultiert.

4   Vgl. »fortunae filius« (Horaz, *Satiren,* II, 6, 49).

5   Vgl. Platon, *Politeia,* 616c, sowie *Das Gastmahl,*195c und 197b.

6   Plinius, *Naturgeschichte,* I, 22. Eine informative, detaillierte Darstellung der Fortuna und ihrer diversen Kulte gibt Pauly-Wissowa, *Realencyklopädie der classischen Altertumswissenschaft*, Halbbd. 13, Stuttgart 1910, S. 11–42.

7   Eine gute Abbildung der ersteren findet sich in dem Artikel »Greek Art« der 11. Auflage der *Encyclopaedia Britannica* (Bd. 12, London 1910, Tafel VI, Abb. 81, gegenüber von S. 481). Vgl. aber auch J. D. Beazley und B. Ashmole, *Greek Sculpture and Painting*, Cambridge 1932, Abb. 153-156. Die umfassendste Darstellung findet sich, reich illustriert, bei Susan B. Matheson, *An Obsession with Fortune: Tychê in Greek and Roman Art*, New Haven 1994.

8   Das »cornu copiae« oder Füllhorn war ein mit Obst und Getreide ge-
    fülltes Trinkhorn, das für die beiden Formen der Nahrung stand, die für
    die Menschen wesentlich sind. Vor allem Dichter und bildende Künstler
    machten davon Gebrauch, um Glück zu symbolisieren (vgl. Plautus,
    Poenulus, II, 3, 5, sowie Horaz, *Episteln*, I, 12, 29 und *Oden*, I, 17, 15).
    Die Tatsache, daß unter den Gütern, die zu den Gaben der Fortuna
    gehören, Geld eine so herausragende Rolle spielt, führte schon im klas-
    sischen Altertum dazu, daß der Begriff »fortuna« eine große Summe
    Geldes bezeichnete.

9   Zu anderen Münzen dieser Art vgl. Seth W. Stevenson, *A Dictionary of
    Roman Coins*, London 1982, S. 395; vgl. auch S. 394-396.

10 Vgl. Harold Mattingly und Edward A. Sydenham (Hg.), *Roman Imperial
    Coinage*, Bd. 5, Teil 2, London 1923-1981 (9 Bde.), S. 228 et passim.

11 Es gab freilich auch Tempel der Fortuna virilis (Fortuna der Männer).
    Außerdem war es ein weitverbreiteter Brauch, am Tag der Venus, dem
    ersten April, in den Badehäusern der Männer einen »Frauentag« zu ver-
    anstalten, um von Fortuna Fruchtbarkeit zu erbitten.

12 [Englische Brettspiele; Anm. d. Übs.]

13 Zu einer Darstellung dieses Phänomens mit zahlreichen Illustrationen
    und Literaturangaben vgl. Alan H. Nelson, »Wheels of Fortune«, in:
    Journal of the Warburg and Courtauld Institutes, Bd. 43 (1980), S. 227-233.
    Beliebt ist heute ein Spiel dieses Namens und Charakters im Fernsehen.

14 Zu beweglichen Glücksradscheiben in Büchern und Handschriften des
    Mittelalters und der Renaissance vgl. Michael Schilling, »Rota Fortu-
    nae«, in: *Deutsche Literatur des späteren Mittelalters. Hamburger Colloquium
    1973*, hg. von Wolfgang Hams und L. P. Johnson, Berlin 1975, S. 293-313
    (v. a. S. 304). Vgl. auch G. Lindberg, »Mobiles in Books: Volvettes, Ins-
    erts, Pyramids, Divinations, and Children's Games«, in: *Private Library*,
    3. Folge, Nr. 2 (1979), S. 49-82.

15 Der ursprüngliche Text ist abgedruckt in *Neustria pia, seu de omnibus et sin-
    gulis abbatis et prioritatibus Norminiae*, hg. von Arturus du Monstier, Rouen
    1663, S. 231; zitiert bei Nelson, »Wheels of Fortune«, a. a. O., S. 228.

16 John Dewey, »Time and Individuality« (1940), in: *Time and Its Mysteries*,
    hg. von Harlow Shapley, New York 1962, S. 141 f.

17   William Mathews, *Getting On in the World: Hints of Success in Life*, Chicago 1880. In diesem altmodischen Ratgeber finden sich viele kuriose Illustrationen der Rolle des Glücks im Leben.

19   C. C. F. Greville, *The Greville Diary*, hg. von P. W. Wilson, Bd. 1, London 1927, S. 300.

1. Das Rätsel des Zufalls

1   Die Theoretiker taten sich schwer, diesen Gedanken zu fassen. Eine Koinzidenz ist zufällig, wenn sie die gleichzeitige Realisierung von Ereignissen beinhaltet, die von unabhängigen Kausalketten hervorgebracht werden. Insofern fordert das Zufällige nicht, den Begriff der Kausalität zu verwerfen, sondern die Möglichkeit anzuerkennen, daß sie sich gleichzeitig auf Wegen manifestiert, die ohne wechselseitigen Zusammenhang sind. Vgl. A. A. Carnot, »Considérations sur la marche des idées et des événements dans les temps modernes«, in: *Oeuvres complètes*, hg. von J. Mentré, Paris 1879, Bd. 1, S. 1-15. Ein stochastisches Ereignis, das sich unabhängig von jeder Kausalität einstellt, ist daher a fortiori zufällig.

2   »Sui cuique mores fingunt fortunam« (Cornelius Nepos, *De viris illustribus* [Atticus], I, 6).

3   Daher: »fabrum esse suae quemque fortunae« (Sallust, *De republica ordinanda*, I, 1), und »sapiens ipse fingit fortunam sibi« (Plautus, *Trinumus* II, 2, 84).

4   »Den, der Ja zu ihm sagt, führt sein Schicksal voran, / Dem, der sich ihm widersetzt, schleppt es doch mit sich fort.« (Büchmann; »Ducunt volentem fata, nolentem trahunt«; Seneca, *Epistulae morales ad Lucilium,* 107.)

5   Plautus, *Captivi*, Vorwort. *Die Lustspiele des Plautus*, Bd. 2, Leipzig und Heidelberg 1865.

6   Shakespeare spricht im *König Lear* vom »Narr des Glücks« (a. a. O., Bd. 3), im *Timon von Athen* von »Narrn des Glücks« (ebd.) und in *Romeo und Julia* wiederum vom »Narr des Glücks (ebd.)

7   »Die Schutzengel derer, die Glück haben, sind die Verunglückten.« Hans Pichler, *Persönlichkeit, Glück, Schicksal*, Stuttgart 1967, S. 47. Ein ameri-

kanisches Sprichwort formuliert die Pointe noch bündiger: »Bad luck is good luck for someone. [Unglück ist Glück für jemand anderen.]« (In: *A Dictionary of American Proverbs*, hg. von Wolfgang Mieder u. a., New York und Oxford 1992, S. 392, Nr. 5.)

8 »Non ab hominis industria et acumine iudicioque dependens, sed a causa alia occulta.«

9 Die Unterscheidung von Glück und Schicksal geht auf die klassische Antike zurück; die Alten unterschieden zwischen der willkürlichen »fortuna«, die sich rein zufällig, und dem notwendigen »fatum«, das sich nach deterministischen Gesetzen manifestiert.

10 Zum Unterschied von *im*predictability und *un*predictability [im Dt. ohne Unterschied: Unvorhersagbarkeit; Anm. d. Übs.]: Ein Phänomen ist »unpredictable«, wenn es exzentrisch in (zumindest nach allgemeinen Begriffen) vorhersehbar regelloser Weise variiert. Ein Phänomen ist »impredictable«, wenn es überhaupt keine Möglichkeit rationaler Vorhersagbarkeit gibt.

11 Im folgenden antstatt »Nutznießer oder Leidtragender« nur »Nutznießer«.

12 »Fortuna saevo laeta negotio et / ludum insolentem ludere pertinax / transmutat incertos honores, / nunc mihi nunc alii benigna« (Horaz, *Oden,* III, 29).

2. Fehler bei der Voraussicht

1 Es ist etwas komplizierter. Wenn ich gestern bei einer Tombola gewonnen habe, aber erst morgen den Gewinn erhalte, dann habe ich natürlich trotzdem viel Glück gehabt. Die Entwicklung ist glücklich für mich gewesen, weil sie zunächst – aber natürlich nicht in ihrem weiteren Verlauf – unvorhersehbar war.

2 Vgl. Kap. 1, Anm. 4.

3 Vgl. hierzu Ilya Prigogine, *Vom Sein zum Werden. Zeit und Komplexität in den Naturwissenschaften*, München 1988.

4 Vgl. Joseph Ford, »What is Chaos, That We Should Be Mindful of It?«,

in: *Physics Today* 36/4 (1983), S. 40-47; wiederabgedruckt in: *The New Physics*, hg. von Paul Davies, Cambridge 1989, S. 348-360.

5   Henri Poincaré, zitiert bei Ian Stewart, *Spielt Gott Roulette? Chaos in der Mathematik*, Basel 1990, S. 309.

6   Vgl. Ludwig Wittgenstein, *Letzte Schriften zur Philosophie der Psychologie*, Werkausgabe, Bd. 7, Frankfurt am Main 1989, S. 468 f, v. a. Bemerkung 923.

7   Eine informative Erörterung dieses Themas vgl. bei J. R. Lucas, *Freedom of the Will*, Oxford 1970.

8   Zu diesem Thema vgl. Nicholas Rescher, »Choice Without Preference«, in: *Essays in Philosophical Analysis*, Pittsburgh 1969, S. 111-157.

9   Über die Vergangenheit haben wir natürlich überhaupt keine Kontrolle.

10 Nur wenn n = 1 ist, haben wir $\frac{n^2 + 1}{2} = n$

11 Und das ist so, weil allgemein $\frac{(n^2 + 1)^2 - n^2 - 1}{2} = n$

12 »Die philosophische Betrachtung hat keine andere Absicht, als den Zufall zu entfernen«. *Die Vernunft in der Geschichte*, hg. von D. Lasson, Hamburg 1955, S. 29.

13 Vgl. zu dieser Frage Rescher, *The Limits of Science*, Berkeley und Los Angeles 1987.

3. Die Facetten des Glücks

1   *A Dictionary of American Proverbs*, a. a. O., S. 393, Nr. 4. In England ist das Sprichwort schon für das Jahr 1738 nachweisbar.

2   [Der Unterschied zwischen »fate« und »fortune« – hier Los und Schicksal –, wie Rescher ihn im folgenden expliziert, hat im Deutschen kein strenges Äquivalent; die Übersetzung ist daher notwendig gewaltsam und rein terminologisch. Anm. d. Übs.]

3   Vgl. *The People's Almanac Book of Lists, No. 2*, hg. von Irving Wallace u. a., New York 1980, S. 422 f. Es werden noch andere Beispiele gegeben, u. a. das folgende: »1919 emigrierte ein dreißig Jahre alter russischer Elektroingenieur namens Wladimir K. Zworykin in die Vereinigten Staaten. Er arbeitete für die Westinghouse Electric Company und später für

RCA. Im Laufe der Jahre erfand er eine Fernsehsenderöhre und einen
Fernsehempfänger, so daß er als der Vater des modernen Fernsehens bekannt wurde. Kurz nach Ausbruch des Zweiten Weltkriegs mußte
Zworykin, der in Beirut gewesen war, auf seinem Heimweg nach New
York einen beruflichen Zwischenstopp in London machen. Für die At-
lantiküberquerung wollte er eine Kabine auf dem Dampfer Athenia buchen. ›Ich hatte aber‹, wie sich Zworykin in einem Interview mit dem
Autor Bruce Felton erinnerte, ›versehentlich meinen Smoking im Liba-
non gelassen und beschloß, um nicht auf der Überfahrt in die Verlegen-
heit zu geraten, im Erster-Klasse-Speisesaal unschicklich angezogen zu
sein, einen Dinneranzug zu kaufen und ein späteres Schiff zu nehmen.‹
Die Athenia lief also ohne Zworykin aus. Vor der Küste Irlands wurde
das Schiff am 4. September 1939 von einem deutschen U-Boot torpe-
diert, so daß es für 128 Menschen, darunter 28 Amerikaner, zu einem
Wassergrab wurde. Der 29. Amerikaner war gerade dabei, in London
einen neuen Smoking zu kaufen.«

4 Nachdem im Frühjahr 1994 ein schwerer Sturm durch die »Tornado Al-
ley« gewütet war, die sich vom nördlichen Alabama bis nach North Ca-
rolina erstreckt, meinte einer der Aufräumungsarbeiter: »Man versteht
einfach nicht, warum die einen vom Unglück getroffen, die anderen
aber verschont werden. Es ist schwer zu begreifen.« (*The New York Times*,
29. März 1994, S. A8.)

5 Matthews, *Getting On in the World*, a. a. O., S. 30.

6 Man beachte auch die Möglichkeit einer Zwischenposition: »Er glaubte
mit gutem Grund, Glück zu haben, obwohl er es nicht wirklich hatte.«

7 Ein Gegenbeispiel ist Alvirah Meehan, die Protagonistin der erfolgreichen Kriminalromane von Mary Higgins Clark (vgl. *The Lottery Winner*,
New York 1994).

8 Eine gute Erörterung des Themas ist in Lois Goulds »Ticket to Trouble«
zu finden (*New York Times Magazine*, 13. April 1995, S. 40 ff.). Die von
mir zitierten Beispiele sind diesem Artikel entnommen.

9 *A Dictionary of American Proverbs*, a. a. O., S. 393, Nr. 28.

10 Zu den Größen, die das Maß des Glücks oder Unglücks bestimmen,
vgl. Anhang S. 207 f.

4. Die Unendlichkeit von Zufällen

1 Zu diesem Thema vgl. Antonino Poppi, »Fate, Fortune, Providence and Human Freedom«, in: *The Cambridge History of Renaissance Philosophy*, hg. von C. B. Schmitt u. a., Cambridge 1988, S. 653.

2 Der Ausdruck wurde von Horace Walpole nach der persischen Erzählung von den *Drei Fürsten von Serendip* gebildet.

3 Einige der Punkte, die für Situationen dieser Art von Bedeutung sind, werden im 4. Kapitel, »Epistemic Luck«, von Richard Foleys Buch *The Theory of Epistemic Rationality*, Cambridge 1987, erörtert.

4 Eine erhellende Darstellung der einschlägigen Probleme und Kontroversen findet sich bei Scott Gordon, *The History and Philosophy of Social Science*, London und New York 1991.

5 Derartige Ideen werden mit aller Verve und Schärfe von Isaiah Berlin in: *Historical Inevitability,* London 1954, kritisiert. Karl R. Poppers *Das Elend des Historizismus*, Tübingen 1994, enthält auch eine bedeutende Kritik dieses Denkens.

6 John Stimson, »Social Forecasting«, in: *Encyclopedia of Sociology,* Bd. 4, hg. von E. F. Borgalle und M. C. Borgalle, New York 1992, S. 1830-1835; das Zitat stammt von S. 1832.

7 Popper, *Das Elend des Historizismus,* a. a. O., S. XI. Weitere Schriften Poppers: *Die offene Gesellschaft und ihre Feinde*, 7., überarbeitete Auflage, Tübingen 1992, und »Prognose und Prophetie in den Sozialwissenschaften«, in: Ernst Topitsch (Hg.), *Logik der Sozialwissenschaften*, Köln und Berlin 1970, S. 113-125. Poppers Anschauungen von der Wissenschaft sind ein wesentlicher Teil seiner Theorie. Vgl. vor allem seinen Aufsatz »Indeterminism in Quantum Physics and in Classical Physics« in: *British Journal for the Philosophy of Science,* 2 (1950), S. 617-633 und 673-695. Für Popper kann es keine vernünftigen Voraussagen in der Geschichte geben – nicht etwa, weil die Geschichte indeterministisch wäre (wie es letztlich die Quantentheorie ist), sondern weil Geschichte anarchisch (gesetzlos) ist. Nach Popper ist jede Kultur und jede Epoche ein Gesetz eigener Art, so daß sich historische Gesetze in der Gegenüberstellung mit den Tatsachen auflösen.

8   Popper, »Prognose und Prophetie in den Sozialwissenschaften«, a. a. O.,
    S. 117.

9   Wobei dieser Grundsatz natürlich auf bemerkenswerte Weise jenen Ge-
    setzen des Sozialprozesses ähnlich sieht, deren Existenz Popper in Frage
    stellt.

10 Zu Poppers Position und Literatur dazu vgl. W. J. González, »La Inter-
    pretación histórica de las ciencias sociales«, in: *Anales de filosofía*, 2
    (1984), S. 109-137.

11 Vgl. Thomas Lonergan, *Method in Theology*, New York 1972, S. 197. Im
    größeren Kontext der Evolution ist die Idee des »Noch-Einmal« der Ge-
    schichte in erhellender Weise von Stephen J. Gould, *Zufall Mensch. Das
    Wunder des Lebens als Spiel der Natur*, München 1991, entwickelt worden.

5. Einstellungen zum Glück

1   Phaidon, 62a (Schleiermacher).

2   Vgl. Michael Gelven, *Why Me?*, De Kalb 1991, S. 34 f.

3   Mathews, *Getting On in the World*, a. a. O. Vgl. das Sprichwort »Glück ist
    die Erklärung, die der Faulpelz für den Erfolg der anderen hat« (*A
    Dictionary of American Proverbs*, a. a. O., S. 392, Nr. 11.

4   Das Sprichwort »Glück ist die falsche Erklärung des Erfolgs anderer« ist
    leider nur allzu wahr, ebenso wie die Umkehrung »Unglück ist die Er-
    klärung, die der Unfähige für sein Versagen hat«. Vgl. *A Dictionary of
    American Proverbs*, S. 392, Nr. 4 und 11.

5   Die folgende Erörterung bezieht sich auf das *Dictionary of American Pro-
    verbs*, S. 392 f.

6. Die Philosophen des Spiels

1   In den Vereinigten Staaten nimmt das Glücksspiel unter den gängigen
    Formen der Unterhaltung einen hohen Rang ein. Im Jahre 1993 besuch-
    ten mehr Amerikaner Kasinos als Spiele der obersten Baseball-Liga. Die

legal beim Glücksspiel erzielten Einkünfte überstiegen die Summe von dreißig Milliarden Dollar, das ist mehr als die Erträge, die mit Kinofilmen, Büchern, Tonträgern sowie Freizeitparks erzielt wurden, zusammen. 37 Bundesstaaten der USA haben Lottogesellschaften, 23 haben lizensierte Kasinos (die Daten stammen aus einem Artikel von Gerri Hershey, in: *New York Times,* 17. Juli 1994). Aufgrund der wuchernden Verbreitung, die das Glücksspiel in Indianerreservaten und auf Flußbooten erfährt, wird geschätzt, daß am Ende des Jahrzehnts praktisch kein Amerikaner mehr als vier Autostunden von einem Kasino entfernt wohnen wird.

2   Ian Hacking, *The Emergence of Probability,* Cambridge 1975, S. 1.

3   Zu Gataker vgl. den Artikel im *Dictionary of National Biography,* London 1886, Bd. 7, S. 939 f., sowie *Encyclopaedia Britannica,* 11. Ausgabe, London 1910-11, Bd. 11, S. 527. Den posthumen *Adversaria miscellanea,* London 1659, hg. von Gatakers Sohn Charles, war seine in lateinischer Sprache geschriebene Autobiographie vorangestellt. Eine hilfreiche Erörterung einiger Anschauungen Gatakers gibt Jon Elster, »Taming Chance: Randomization in Individual and Social Decisions«, in: *The Tanner Lectures on Human Values,* Bd. 9, hg. von G. B. Peterson, Salt Lake City 1988, S. 105-179.

4   *Encyclopaedia Britannica,* a. a. O., Bd. 11, S. 527.

5   London 1619; die zweite, hier zitierte Ausgabe wurde 1627 veröffentlicht. Dieses Traktat scheint durch Gegnerschaft zu der Schrift von James Balmford (geb. 1556), *A Short and Plain Dialogue concerning the unlawfulness of Playing Cards, or Tables, or any other Game consisting in Chance,* London 1593, provoziert worden zu sein. Balmford sah sich schließlich zu einer Replik auf Gataker veranlaßt: *A Modest Reply to certain Answers which Mr. Gataker [...] in his treatise [...] gave to Arguments in A Dialogue concerning the Unlawfulness of Playing Cards, or Tables, or any other Game consisting in Chance,* London 1623.

6   Zitiert bei John Ashton, *The History of Gambling in England,* London 1898, Reprint: Montclair 1969, S. 224 f. Die erste englische Lotterie war 1569 von Königin Elizabeth genehmigt worden. Lizenzen für Lotterien wurden auch 1629 und 1631 zur Verbesserung der Londoner Wasserversorgung vergeben. Die große Lotterie von 1694 erbrachte über eine Million

Pfund Sterling – eine unglaubliche Summe für damalige Verhältnisse. Auf dem Kontinent waren Lotterien schon seit über hundert Jahren populär, vor allem in den Niederlanden. Vgl. Simon Schama, *Überfluß und schöner Schein*, München 1988, S. 331-335; eine breitere Darstellung gibt G. A. Fokker, *Geschidenis der Loterijen en Nederland*, Amsterdam 1862. Die Veranstaltung von Lotterien zu karitativen und öffentlichen Zwecken ist eine Praxis mit langer Tradition; auch das British Museum ist mit Geldmitteln aus einer Lotterie aufgebaut worden.

7   Apostelgeschichte 1,23-26.

8   Matthäus 27,35, Markus 15,24, Lukas 23,34, Johannes 19,23 und 24.

9   Diese Form des Losgebrauchs diente nicht etwa dazu, mit Gottes Weltplan ein Spiel zu treiben, sondern vielmehr dazu, ihn durch Rekurs auf den Zufall überhaupt erst zu erkennen – damit ist das Richten einer Frage an den, der die Macht über den Zufall hatte, gemeint, nicht ein Spiel mit Tatsachen. Dieses »Wahrsagen« war zwar von katholischen Theologen lange als Relikt des Heidentums verdammt worden, aber dennoch schwer auszurotten. Unter den Protestanten, vor allem den Wesleyanern, wurde es noch lange praktiziet. John Wesley selbst hat, wie eine Tagebucheintragung vom 4. März 1737 belegt, Rat in der Frage gesucht, ob er heiraten solle oder nicht: »Nachdem wir beide [Mr. Delamotte und er] in tiefer Kontemplation, in Fasten und Beten Gott gesucht hatten, kamen wir am Nachmittag zusammen, ohne doch zu einer Entscheidung zu gelangen. Beide betrachteten wir den Einwand von Mr. Ingham als den stärksten – nämlich den Zweifel, daß sie wirklich sei, als was sie erscheine. Doch war es uns zu schwer, diesen Zweifel zu beheben, so daß wir schließlich übereinkamen, an den Searcher of Hearts zu appellieren. Ich machte also drei Lose. Auf dem ersten stand geschrieben ›Heirate‹, auf dem zweiten ›Denke ein Jahr lang nicht an die Sache‹. Und nachdem wir zu Gott gebetet hatten, uns ›ein vollkommenes Los zu geben‹, zog Mr. Delamotte das dritte, auf das die Worte geschrieben waren ›Denke nicht weiter daran‹. Statt des schweren Ringens hatte ich nun Grund zu der Erwartung, daß ich heiter würde sagen können ›Dein Wille geschehe‹. Wir zogen noch einmal Lose, um zu erfahren, ob ich mit ihr noch weiter sprechen sollte, worauf die Anweisung,

die ich von Gott empfing, lautete: ›Nur in der Gegenwart von Mr. Delamotte‹.« (Zitiert nach F. M. David, *Games, Gods and Gambling*, London
1953, S. 14.)

10 Vgl. Plutarch, *De Stoicorum contradictiones*, S. 128.

11 Augustinus, *Epistola ad Honor,* 180.

12 Vgl. Anm. 2.

13 Sprüche Salomons 18,18.

14 Vgl. *New York Times,* 25. August 1959, S. 1. Zur Entscheidungsfindung
durch Lotterien allgemein vgl. Elster, »Taming Chance«, a. a. O.

15 Vgl. *De divinatione,* II, 7, 28: »Haruspicina, quam ego rei publicae causa
communisque religionis colendam censeo«, und II, 33, 70: »retinetur
autem et ad opinionem vulgi et ad magnas utilitates rei publicae mos,
religio, disciplina, ius, augurium collegi auctoritas«.

16 Vgl. Franz Rosenthal, »The Metaphysics of Gambling«, Kap. 6, in: *Gambling in Islam*, Leiden 1975.

17 Zu einer kurzen Würdigung Graciáns vgl. den Artikel von Neil McIn-
nes in der *Encyclopedia of Philosophy*, Bd. 3, New York 1967, S. 375 f.; eine ausführlichere Darstellung bietet Alan Bell, *Baltasar Gracián*, Oxford
1921.

18 *Balthazar Gracian's Hand-Orakel und Kunst der Weltklugheit*, in: Arthur
Schopenhauer, *Der handschriftliche Nachlaß*, Bd. 4, Teil 2, hg. von Arthur
Hübscher, Frankfurt am Main 1975, S. 131-267.

19 *The Economist,* 29. August 1987, S. 49. Die größe Lotterie ist gegenwärtig der in Spanien veranstaltete El Gordo (»der Fettwanst«) mit einem
Preisgeld von mehr als 100 Millionen Dollar. 1988 verspielten die 38
Millionen Einwohner Spaniens mehr als 25 Milliarden Dollar, das heißt
mehr als 650 Dollar pro Kopf (*The New York Times,* 14. Mai 1989). Freilich werden auch in Deutschland mehr als 400 Mark pro Kopf im Jahr in
offiziell gefördertes Glücksspiel investiert, wobei sich die deutschen
Frauen dem Glücksspiel weniger hingeben als die Männer. Und obwohl
Leute mit geringem Einkommen weniger Geld dafür ausgeben als Leute mit großem Einkommen, spielen sie doch nicht seltener. Arbeitslose
spielen öfter als andere. Die Daten stammen aus den *Deutschland-Nach-
richten*, New York April 1994, S. 5.

20 Zu Pascals Beitrag zur Entstehung der mathematischen Wahrscheinlich-
    keitstheorie vgl. Hacking, *The Emergence of Probability*, a. a. O., S. 57-72.

21 Blaise Pascal, Werke, Bd. I: *Über die Religion und über einige andere Gegen-
    stände (Pensées)*, hg. von Ewald Wasmuth, Heidelberg 1954.

22 H. F. Stewart, »Blaise Pascal«, in: *Proceedings of the British Academy*, Bd. 28
    (1942), S. 196-215; Zitat S. 204.

23 Weitere Details, die das Argument der Wette betreffen, vgl. Rescher,
    Pascal's Wager, Notre Dame 1985.

24 »Drei Vorträge vor dem Prinzen von Luynes über den Stand der großen
    Herrn«, in: Blaise Pascal, *Die Kunst zu überzeugen und die anderen kleinen
    philosophischen und religiösen Schriften*, Heidelberg 1950, S. 160-169; Zitat
    S. 167.

25 Durch die ganze westliche Tradition der Philosophie hindurch ist der
    Zufall (tyche, casus) geradezu als Koinzidenz voneinander unabhängiger
    Geschehnisse *definiert* worden, die als solche zuinnerst unvorhersagbar
    und von jeder Form gesetzlicher Regelhaftigkeit ausgenommen sind.

26 »In der Vernunft begründete Prinzipien der Natur und Gnade«, Ab-
    schnitt 7, in: Gottfried Wilhelm Leibniz, *Kleine Schriften zur Metaphysik*,
    Bd. 1, hg. und übers. von Hans Heinz Holz, Darmstadt 1985.

27 Ders., *Die Theodizee. Von der Güte Gottes, der Freiheit des Menschen und dem
    Ursprung des Übels*, Teil 3: *Abriß der Streitfrage. Die Sache Gottes*, Darmstadt
    1985, Abschnitt 30, S. 313.

28 Samuel Clarke, *Der Briefwechsel mit G. W. Leibniz von 1715/16*, hg. von
    Ed Dellian, Hamburg 1990, S. 42.

29 Leibniz, *Theodizee*, Teil 3, a. a. O., Abschnitt 303, S. 95.

30 Wie J. M. Keynes bemerkt hat (in: *Über Wahrscheinlichkeit*, Leipzig 1926,
    S. 258, Fußnote), wurde der Begriff der mathematischen Erwartung
    erstmals 1678 in Leibniz' Essay *De incerti aestimatione* formuliert. Leibniz
    folgte hier allerdings dem Vorbild Pascals. Die Messung der Wahr-
    scheinlichkeit als eines Verhältnisses »gleich möglicher« Fälle (das heißt
    des Laplaceschen *Indifferenzprinzips*) war seine Erfindung. Zu einer
    Erörterung von Leibniz' Beschäftigung mit dem Problem der Wahr-
    scheinlichkeit vgl. auch Hacking, *The Emergence of Probability*,, a. a. O.,
    Kap. 14 und 15 et passim.

31 Zur raschen Ausbreitung der Spielwut, die den moralischen Verfall und
    die Zeit der Pest im vierzehnten Jahrhundert begleitete, vgl. Barbara W.
    Tuchman, *Der ferne Spiegel. Das dramatische 14. Jahrhundert*, Düsseldorf
    1980.

32 Nach Marcelin Defourneaux, *Spanien im goldenen Zeitalter*, Stuttgart
    1986, S. 239 f. Zu Contreras vgl. A. Morel-Fatio, »Soldats espagnols du
    17e siècle: Alonso de Contreras«, in: *Bulletin hispanique*, Bd. 3 (1911), S.
    135-158. Erstmals wurde seine Biographie veröffentlicht im *Boletín de la
    Real Academia de Historia*, Bd. 37 (1900), S. 129-270. Die vorangegange-
    ne Generation weist den interessanten Fall des Conquistadors Mancio
    Serra auf, der 1589 als letzter Überlebender von Pizarros Eroberung des
    Inca-Reiches starb. Er war »in ganz Peru berühmt, weil ihm das golde-
    ne Bild der Sonne, das bedeutendste Ornament des Sonnentempels zu
    Cuzco, verliehen worden war und weil er es sogleich wieder beim Kar-
    tenspielen verloren hatte« (Lewis Hanke, *The Spanish Struggle for Justice
    in the Conquest of America*, Philadelphia 1949, S. 172).

33 Vgl. Defourneaux, *Spanien im goldenen Zeitalter*, a. a. O., S. 240. Die
    Militärszene der Zeit weist Vorschriften und Befehle aller Art auf, aber
    ohne daß dies viel genutzt hätte.

34 In den Niederlanden war das Spielen eng an den Aufstieg des Kapitalis-
    mus gebunden. Im Zusammenhang mit Ausführungen über die Amster-
    damer Börse, die 1608 erbaut wurde, berichtet Simon Schama: »Wie so
    vieles andere hatte Amsterdam seine kommerziellen Praktiken von Ant-
    werpen übernommen. Die flämische Stadt war zu ihrer Zeit wegen ihrer
    Spielleidenschaft berühmt gewesen, und auch darin folgte ihr die hollän-
    dische Stieftochter. Wetten wurden bei jeder nur denkbaren Gelegenheit
    abgeschlossen, über den Ausgang einer Belagerung ebenso wie über das
    Geschlecht eines ungeborenen Kindes. Sie wurden in Wirtshäusern, zu
    Hause und auf Schiffen vereinbart. [...] Die Grenze zwischen gelegent-
    lichem Wetten und organisiertem Aktienhandel verlief häufig unscharf.«
    (*Überfluß und schöner Schein*, a. a. O., S. 375 f.) Die Spielmanie der ersten
    Jahrzehnte des Jahrhunderts schuf die Voraussetzungen für das Fieber der
    Spekulation, das bald auf den verschiedensten Gebieten ausbrach: für die
    Tulpomanie, den Mississippi Scheme und den South Sea Bubble. In jün-

geren Zeiten haben sozialistische und kommunistische Regimes versucht, das Spielen zu unterdrücken – meist ohne Erfolg.

35 »Gaming and Wagering«, in: *Encyclopaedia Britannica*, 11. Ausgabe, Bd.
    11, a. a. O., S. 446-450.

36 *Das Geheimtagebuch des Sir Samuel Pepys 1660-1669*, München 1931, Ein-
    tragung vom 1. Januar 1668. Zur Rolle des »groom-porter«, dessen
    Kontrolle über das Glücksspiel auf elisabethanische Zeiten zurückgeht,
    vgl. Frank Aydelotte, *Elizabethan Rogues and Vagabonds*, Oxford Histori-
    cal and Literary Studies, Bd. 1, Oxford 1913.

37 C. W. Heckthorn, *The Gambling World*, London 1898, S. 62 f. Das Spie-
    len war aber in keiner Weise exklusives Privileg der High-Society. Der
    Verkauf von Losen aller Art florierte: »In eine Richtung floß ein Strom
    von ›Kutschern‹, ›Dienern‹, ›Anfängern‹ und ›Dienstmädchen‹, mit de-
    nen man die wunderbare Hoffnung verband, für den Einsatz von drei
    Pence ein ganzes Anwesen gewinnen zu können, in eine andere ein
    Strom von ›Rittern‹, ›Esquires‹, ›Gentlemen und Kaufleuten‹, ›Verheira-
    teten Damen‹, ›Jungfrauen‹, ›Sitzengelassenen‹ und so weiter, die sich auf
    ›Füßen‹, in ›Sänften‹, ›Triumphwagen‹ und ›Kutschen‹ fortbewegten und
    an die man die schmeichelnde Erwartung knüpfte, für den Einsatz einer
    einzigen Crown eine Rente von jährlich sechshundert zu gewinnen« (zi-
    tiert in: Lorrain Daston, *Classical Probability in the Enlightenment*, Prince-
    ton 1988, S. 160).

38 Beispielsweise haben arabische Forscher des Mittelalters bei ihrer Be-
    handlung des Erbschaftsproblems am Rande mit dieser Frage zu tun ge-
    habt. Vgl. Solomon Gandz, »The Algebra of Inheritance«, in: *Osiris*, Bd.
    5 (1938), S. 319-391. Und jüdische Forscher des Mittelalters stellten die
    Frage, ob das Fleisch in Straßen, in denen von soundso viel Schlachterei-
    en nur soundso viel koscher schlachteten, als koscher betrachtet werden
    könne. Viele solcher Probleme werden erörtert in Nachum L. Rabino-
    vitch, *Probabilities and Statistical Inference in Ancient and Medieval Jewish Li-
    terature*, Toronto 1973.

39 Dieses Kapitel stützt sich auf Material aus einem Essay desselben Titels,
    der zuerst veröffentlicht wurde in: Rescher, *Baffling Phenomena*, Totowa,
    1991.

7. Die Träumereien der Moralisten

1   Das findet sich zum Beispiel bei der Bestimmung des Nachfolgers für Judas als zwölften Apostel: er wurde auch durch Ziehung von Losen ausgewählt. Überreste davon finden sich ebenfalls in »Tiebreak«-Situationen in diversen politischen Kontexten. In Schweden ist der Zufall die vom Gesetz vorgesehene Entscheidungsinstanz, welche die Abstimmungspatts im Parlament durchbrechen soll.

2   Diese Frage wird nur selten erörtert. Eine Ausnahme ist Richard A. Epsteins Aufsatz »Luck«, in: *Social Philosophy and Policy,* Bd. 6 (1988), S. 17-38.

3   John Rawls, *Eine Theorie der Gerechtigkeit,* Frankfurt am Main 1975, S. 121.

4   Ein Punkt, der in den letzten Jahren ausführlich von Philosophen behandelt worden ist; eine Anthologie repräsentativer Erörterungen ist *Moral Luck,* hg. von Daniel Stadman, Albany, 1993.

5   Thomas Nagel, »Moral Luck«, in: *Mortal Questions,* Cambridge, 1979, S. 27.

6   Die Gedanken, um die es in diesem Abschnitt geht, sind ausgeführt in: Rescher, *Philosophical Standardism,* Pittsburgh 1994.

7   In dieser Hinsicht hebt sich die Moral ganz dezidiert vom Gesetz ab, das – aus Gründen öffentlicher Zweckmäßigkeit – den Akzent auf den Ausgang der Dinge legt und moralische Richtigkeit durch Gesetzlichkeit als solche ersetzt.

8   Nagel, »Moral Luck«, a. a. O., S. 25.

9   »Wenn gleich durch eine besondere Ungunst des Schicksals, oder durch kärgliche Ausstattung einer stiefmütterlichen Natur, es diesem Willen gänzlich an Vermögen fehlte, seine Absicht durchzusetzen; wenn bei seiner größten Bestrebung dennoch nichts von ihm ausgerichtet würde, und nur der gute Wille (freilich nicht etwa ein bloßer Wunsch, sondern als die Aufbietung aller Mittel, so weit sie in unserer Gewalt sind) übrig bliebe: so würde er wie ein Juwel doch für sich selbst glänzen, als etwas, das seinen vollen Wert in sich selbst hat.« (Immanuel Kant, *Grundlegung zur Metaphysik der Sitten,* Abschnitt 1, Absatz 3, in: Werkausgabe, Bd. 7, Frankfurt am Main 1968.)

10   Das heißt natürlich nicht, daß wir solche Situationen nicht aus *nicht-mo-ralischen* Gründen unterscheiden könnten, also nur *erfolgreiche* Rettungs-versuche belohnen und nur *tatsächliche* Überschreitungen bestrafen – et-wa aus Gründen der Gesellschaftspolitik. Vgl. auch Bernard Williams' Beispiel von dem Menschen, der ein Leben des Dienstes an anderen auf-gibt, um sich seiner Kunst zu widmen – eine Entscheidung, deren mora-lische Berechtigung Williams zufolge letztlich davon abhängt, ob er ein guter Künstler sein wird oder nicht, was im großen und ganzen nicht von seiner Anstrengung, sondern von seiner Begabung und seiner schöpferischen Kraft abhängen wird, also von Dingen, die einem – ohne daß man darüber die Kontrolle hätte – von der Natur gegeben werden (Nagel, »Moral Luck«, a. a. O., S. 24 ff.). Aber welchen Grund gibt es, die *moralische* Situation des begabten Gauguin als verschieden von der ir-gendeines Unbegabten anzusehen, also den ersteren zu entschuldigen, den letzteren aber zu verdammen? Das Unrecht, sich einer moralischen Verpflichtung zu entziehen, wird nicht durch die Erfolge wettgemacht, die es an anderer Stelle erzielt. Kants Standpunkt, daß der Begabte und der Unbegabte, der Glückliche und der Unglückliche gleich sein sollten vor der Moral, ist angemessen, und Hegels Gedanke, daß die großen Männer über den moralischen Normen stünden, hat aus der »mora-lischen Perspektive« wenig für sich.

11   Die griechische Sichtweise ist von Martha Nussbaum in ihrem Buch *The Fragility of Goodness*, Cambridge 1986, untersucht worden.

12   Tuchman, *Der ferne Spiegel,* a. a. O., 1980, S. 106.

13   Tuchman, *A Distant Mirror: The Calamitous Fourteenth Century*, New York 1978, S. 103. [Die Stelle ist in der gekürzten deutschen Fassung des Buches nicht enthalten; Anm. d. Übs.]

14   Zum Syndrom des Überlebenden vgl. *Massive Psychic Trauma*, hg. von H. Krystal, New York 1968. Ein gutes Beispiel für die psychologische Literatur zu diesem Thema ist Bruce I. Goderez, »The Survivor Syn-drome: Massive Psychic Trauma and Post-Traumatic Stress Disorder«, in: *Bulletin of the Mayo Clinic,* Bd. 51 (1987), S. 96-113.

8. Ist Glück manipulierbar?

1   Theodore Roosevelt stand mit seinem Glück auf vertrautem Fuß. »Ich habe in diesem Sommer mordsmäßiges Glück gehabt«, schrieb er an Cecil Sprig Rice im Jahre 1899. »Erstens, weil ich [als Colonel der Rough Riders] in den Krieg ziehen konnte, zweitens, weil ich ihn heil überstanden habe, drittens, weil ich [zum Gouverneur des Bundesstaats New York] gewählt worden bin« (und alles, noch bevor er, von dem Parteimitglied Thomas Platt ins Amt des Vizepräsidenten gehievt wurde, um schließlich im Gefolge der Ermordung William McKinleys Präsident zu werden!).

2   »El martes ni te cases ni te embarques« – An einem Dienstag heirate man nicht noch trete man eine Reise an –, lautet ein spanisches Sprichwort.

3   Zitiert bei Ralph Keyes, *Chancing It: Why We Take Risks*, Boston und Toronto 1985.

4   Man denke an den alten Witz von dem Mann, der nachts dafür betete, im Lotto zu gewinnen, um mit seinen Gebeten schließlich die donnernde Antwort von oben zu erwirken: »Um Himmels willen – kauf dir ein Los!«

5   Zu einer graphischen Erhärtung dieser These vgl. *Natural Hazards*, hg. von Gilbert F. White, New York 1978; Eric Ashby, *Reconciling Man with the Environment*, Stanford 1978, und R. W. Kates, *Risk Assessment of Environment Hazard*, New York 1978.

9. Mit Halbheiten leben

1   Vgl. hierzu Rescher, *The Limits of Science*, a. a. O.

2   Erich Fromm, *Psychoanalyse und Ethik. Bausteine zu einer humanistischen Charakterologie*, in: Fromm, *Gesamtausgabe*, hg. von Rainer Funk, Bd. 2: *Analytische Charaktertheorie*, Stuttgart 1980, S. 1-157; Zitat S. 31.

3   *The New York Times*, 31. Mai 1993, S. 2.

4   Arthur Schlesinger, »The Future Outwits Us Again«, in: *The Wall Street Journal*, 20. September 1993.

5   Zum »conatus se preservandi« vgl. Baruch de Spinoza, *Die Ethik mit*

geometrischer Methode begründet, Teil 3, Lehrsatz 6 ff., in: *Ethik*, Werke, Bd. 2, Darmstadt 1989, S. 273 f.

6   Zu einigen interessanten Variationen auf dieses Thema vgl. Keyes, *Chancing It*, a. a. O.

7   George Gaylord Simpson, »The Nonprevalence of Humanoids«, in: *Science*, 143 (1964), S. 769-775; auch in: *This World of Life: The World of an Evolutionist*, New York 1964, S. 57-73.

8   Diese evolutionstheoretischen Erwägungen sind ausgeführt in: Rescher, *The Limits of Science*, a. a. O., Kap. »Extraterrestrial Science«.

9   *Griechische Atomisten. Texte und Kommentare zum materialistischen Denken der Antike*, hg. von Fritz Jürß, Reimar Müller und Ernst Günther Schmidt, Leipzig 1988, S. 132.

10   Alexandre Koyré, *Von der geschlossenen Welt zum unendlichen Universum*, Frankfurt am Main 1969.

Register